T0285790

Esa pieza que no encaja

Primera edición: septiembre de 2023

Diseño de cubierta: Estudio Javier Jaén
Corrección: Raquel Bahamonde, Arantxa Vega

Publicado por Principal de los Libros
C/ Roger de Flor n.º 49, escalera B, entresuelo, despacho 10
08013 Barcelona
info@principaldeloslibros.com
www.principaldeloslibros.com

ISBN: 978-84-18216-68-8
THEMA: DN | AVP | DNPB
Depósito Legal: B 16447-2023
Preimpresión: Taller de los Libros
Impresión y encuadernación: Liberdúplex
Impreso en España — *Printed in Spain*

SANTI BALMES
CON DAVID ESCAMILLA

ESA PIEZA QUE NO ENCAJA

Carreteras secundarias
por David Escamilla

2019. Esto es una *road-movie.* Gozo explorando carreteras secundarias, caminos de carro, vericuetos imposibles, senderos indeterminados campo a través.

En este libro con páginas de asfalto viajo por una carretera principal, llamémosla autopista, pero a menudo y voluntariamente me desvío con la insana intención de huir hacia pueblos-estaciones-canciones en los cuales penetro con esa brumosa atracción hacia lo desconocido.

Supongo que se trata del encanto de la novedad, un efímero instante de belleza. Consigo estirar el hilo invisible del origen de una canción, o de los últimos versos de un tema. Y es precisamente en aquel momento cuando descubro lo que pensó-imaginó-soñó Santi Balmes, alma y vientre creativo de Love of Lesbian.

A imitación de las conexiones neuronales, en las cuales se establecen relaciones que parecían imposibles e inauditas, las canciones, que parten de anécdotas muy íntimas, terminan siendo vivencias compartidas por un gran número de personas. Intimidad colectiva. Gran oxímoron electrizante.

Salgo de la autopista, me meto por un camino que no está asfaltado y que, en realidad, ni siquiera sabía que existía. Lo hago de noche, salgo de madrugada. La impunidad es mi fiel confidente y aliada. Ya es de día. Los primeros rayos de sol ciegan mi deseo de futuro. Me como unos churros grasientos que he comprado en un parque de atracciones fantasmagórico. Hay una noria abandonada que sigue girando dentro de mis pensamientos. Creo que probablemente habré vuelto a la autopista por otro lado. Los opuestos se tocan. A medida que uno avanza en la creación se pregunta por qué demonios esa salida está allí, reto, provocación, insolencia. Entonces pienso que voy a por ella, que voy a cogerla, a ver adónde me lleva. Porque el camino principal ya lo conoce todo el mundo, es demasiado previsible. *Déjà vu.* Rutina de hámster en la rueda eterna.

Podemos proclamar a los cuatro vientos respuestas unidireccionales. No mola. No procede. Da pereza. Pasa como en esos interminables viajes por carretera en los que vas de un punto a otro punto determinado, y con todo lo que ves a ambos lados te preguntas: «¿Y si hubiéramos cogido esa salida? Porque este pueblo es la hostia, tío». Siempre pasamos por ahí y nunca hemos pensado en hacer un alto en el camino. La idea sería decidir llegar más tarde, pero ver de una vez por todas de qué va ese nuevo paisaje, aquella otra geografía humana de voces, rostros y sorpresas. Has pasado de largo mil veces por aquí. De hoy no pasa. De ahora no pasa. Bajo del coche.

Índice

Carreteras secundarias, por David Escamilla 7

Kilómetro 0: «Eres tú» y un catálogo de clics 17
Kilómetro 1: «The Logical Song» y «Susanne».................. 35
Kilómetro 2: Love of Lesbian 55
Kilómetro 3: *Maniobras de escapismo* y «Esa pieza que no encaja» 77
Kilómetro 4: «Carta a todas tus catástrofes».................... 107
Kilómetro 5: «Universos infinitos».............................. 129
Kilómetro 6: «Cuestiones de familia» / «I.M.T.» 151
Kilómetro 7: «El poeta Halley»...................................... 169
Kilómetro 8: «Si salimos de esta» 181
Kilómetro 9: «Club de fans de John Boy» / «Cosmos» 189
Kilómetro 10: «Incendios de nieve» 205
Kilómetro 11: «Los toros en la Wii» / «Fantastic Shine» ... 215
Kilómetro 12: «Viaje épico hacia la nada» / Futuro......... 227

Sobre los autores 233

Ferran Adrià siempre dice que cuando vamos de casa al trabajo y del trabajo a casa, o cuando hacemos caminos que hemos recorrido mil veces, tenemos una terrible tendencia a repetir mecánicamente los trayectos, las rutas, casi al milímetro, paso a paso. Pero la creatividad consiste en ir de casa al trabajo y del trabajo a casa por sitios diferentes para ver cosas diferentes. Siempre lo miramos todo desde la misma altura de los ojos. Pero el día que decidimos mirar un poco más hacia arriba, de repente, oh, sorpresa, aparecen gárgolas ensoñadoras, cielos en cinemascope, arquitecturas imposibles que no habíamos visto jamás, y es precisamente a partir de esa frontera cuando acabamos hablando con gente con la que nunca habíamos cruzado una palabra.

La magnética seducción de hablar con gente desconocida es algo que tanto Santi Balmes como yo siempre hemos tenido muy en cuenta. Que hemos provocado. ¿Hasta qué punto podría llegar a cambiar mi vida el hecho de hablar con una persona absolutamente desconocida? Todos fuimos unos perfectos «desconocidos» algún día, un primer día, antes de convertirnos en gente de toda la vida, antes de ser paisaje habitual. ¿Os imagináis a Santi Balmes ejerciendo durante todo un año de taxista por la noche? ¿Qué historias viviría y nos contaría luego? Santi es un verdadero vampiro de historias, un chupóptero de vidas, un *muerdeyugulares* de almas. Como taxista, Balmes sería un gran notario de la vida ajena. Notario con volante. Notario con derecho a exagerar. Hiperbólico testimonio de la vida que circula de noche sobre cuatro ruedas por las secretas calles del mundo.

Ocurre a menudo que los caminos y las carreteras se unen. Barcelona, 2014. Sala Razzmatazz. Concierto de Love of Lesbian. Invitan a Manolo García a subirse al escenario y él acepta entusiasmado. Al principio les dice: «Es que no sé si vuestro público va a aceptarme...». Santi responde: «Manolo, en cuanto pises el escenario, Razzmatazz se va a venir abajo». Tocaron juntos. Love of Lesbian tenía programadas tres noches seguidas en aquel templo barcelonés. En cuanto terminó el primer concierto, Santi y Manolo se vieron en el camerino: «Santi, ya sé que te dije que solo podía hoy, pero si me invitáis mañana, no tengo nada mejor que hacer. Me lo he pasado de puta madre». Otro de esos caminos que Santi Balmes nunca habría previsto, pero que, de repente, alehop... Fructificó.

Algún tiempo después supe que la carrera musical en castellano de Santi Balmes empezó precisamente mirando de forma hipnótica una foto de Manolo García. Sus ojos, su actitud. El disco *Como la cabeza al sombrero,* de El Último de la Fila, fue el primero que Santi se aprendió de memoria. De pe a pa. No, un momento... Para ser fieles a la verdad, el disco de Manolo y Quimi fue el segundo que Santi memorizó de forma integral. Antes fue uno de Mecano, cuando tenía doce años. Santi dice que ese disco de Manolo «le voló la puta cabeza».

Uno debe permitirse sin remordimientos transitar por carreteras secundarias a través de polvorientos caminos de carro. Una vez, tres veces, ocasionalmente, siempre... Salirse del camino señalizado, ortodoxo, estándar. Más que importante, es necesario. Casi obligatorio. Santi Balmes vive en una fijación cotidiana. De repente piensa: «¿Y si, en vez de Consell de Cent, pillo la calle València? ¿Cambiará en algo mi vida?». Las múltiples posibilidades que se despliegan a nuestro alrededor. Algo de física cuántica mezclado con unos sorbos de superstición. Decidir, dejarse llevar. Una carretera, una conversación, un bar, una mirada...

Dejarse guiar por el azar. Algo así produjo el clic de su canción «Manifiesto delirista». En esa canción, Santi se dejó llevar por un cierto azar a nivel compositivo. Jugando con el GarageBand, un pequeño estudio de grabación para aficionados que incorpora una parte rítmica en forma de dados. De repente apareció un ritmo aleatorio. Y a partir de ahí salió «Manifiesto delirista». Dejarse llevar.

Santi Balmes, o Ramón María del Valle-Inclán, por ejemplo, siempre necesitaron una cierta altura de miras. A ras de suelo tan solo puedes ver tus pies. Tener perspectiva es oxígeno, aire puro. Santi me habla de un helicóptero sobrevolando la ciudad. Esa es la perspectiva. Esa es la mirada. A veces estás algo desvinculado de tu propio cuerpo. Sientes que tu alma está un poco fuera de ti. Se trata de una sensación entre física y emocional. Sientes que estás como a un metro por encima de tu cabeza. Es como si tuvieras un dron que va subiendo y subiendo, asciende a una cota cada vez más vertiginosa, toma distancia de todo.

Pero esto no es un libro. Insisto. Esto es un espacio, una dirección, un destino, una carretera.

Cada palabra, cada frase, son un coche, una moto, la trayectoria de un vehículo rodando en dirección a alguna parte, a ninguna parte. Las canciones y las historias que aquí se manifiestan son drones que sobrevuelan ciudades del alma. La realidad se deshace sensualmente como un helado en pleno verano. Liquidez dulcemente musical.

Love of Lesbian es un planeta que gravita alrededor del sol. Santi Balmes es el poeta Halley, el celoso guardián de la verdad oculta.

No intenten leer esto… Déjense llevar por el ruido y la música, por el leve e insistente murmullo de las ideas que se transforman en piel y caricia.

Bienvenidos al epicentro de la libertad sonora. Ya no hay vuelta atrás. Ya todo es presente a golpe de guitarras feroces y sueños incumplidos.

David Escamilla
Barcelona, invierno de 2023

Cuando el niño era niño,
andaba con los brazos colgando,
quería que el arroyo fuera un río,
que el río fuera un torrente,
y este charco el mar.
Cuando el niño era niño,
no sabía que era niño,
para él todo estaba animado,
y todas las almas eran una.

PETER HANDKE

Qué belleza guardan aquellos que no encuentran su lugar fácilmente entre tanta gente. Tal y como está el mundo, es un privilegio no encajar.

Alejandra Pizarnik

Kilómetro 0

«Eres tú» y un catálogo de clics

Una matemática emocional

¿Por qué me has pedido ese fragmento de Handke para iniciar este futuro libro?
Es uno de esos poemas que me gustaría haber escrito, ya que sintetiza mucho mi manera de percibir las cosas. En especial, «[...] para él todo estaba animado, y todas las almas eran una». Creo que ahí radica una de mis búsquedas a través de la creación. Huir de la separación con el resto del mundo a través de una canción que hace sentir a muchos una persona única. Y para eso debes seguir siendo niño. Porque es el estado más cercano a la eternidad que hayamos conocido. Y porque empiezas a tener esos clics que marcarán tu futuro.

¿Cómo definirías un clic?
Clics, o disparadores. Creo que es ese momento en el que algo hace diana en ti, no solo a nivel racional, sino también emocional.

Son importantes de verdad.
Sí, son importantes.

Hay gente que no tiene un clic en toda su vida.
Pues eso es una debacle. Por cierto, antes que nada, quiero decir que me sorprende que alguien pueda interesarse por lo que pienso.

¿Lo dices en serio?
Completamente. O puede que, en realidad, nuestras charlas me asusten por si me doy cuenta de que no tengo nada interesante que decir, o quizá me pase de intenso, quién sabe. Una vez leí una entrevista a Lloyd Cole cuyo titular era el siguiente: «No tengo nada interesante que decirle al mundo excepto que ayer jugué al billar». Me pareció superhonesto. A decir verdad, el resto de la entrevista era una mierda, así que no engañaba. De hecho, olvida lo que te he dicho. Hablemos y ya se verá.

En la vida hay clics. Tú tienes clics. Y no son de Famobil.
No, son clics esporádicos, pero fundamentales. Situaciones que sucedieron y que determinaron mis decisiones y, por ende, mi presente. Supongo que le pasa a todas las personas del mundo. Creo que te vas configurando, decidiendo qué camino tomar, a través de estos clics o «disparadores». Son sucesos un tanto estúpidos a primera vista, pero, sin duda, determinantes. Visto con el paso del tiempo, te das cuenta, casi con terror, de la enorme importancia que tiene el factor azar en las decisiones que tomas en la vida. Un día decides a

regañadientes acudir a una cena y resulta que conoces a quien será tu pareja, por ponerte un ejemplo. O un tipo que conozco que estudiaba informática y, como se aburría en clase, salió al pasillo a fumarse un cigarro. Justo en ese instante había un señor paseando por aquella escuela a punto de pegar un cartel para buscar empleados. Fíjate tú. El tipo, haciendo campana, encontró un trabajo donde estuvo la friolera de veinte años. Algunas veces todo reside en la gestión de la oportunidad, o en lo receptivo que te encuentres en ese momento. Creo que el destino, en cierta medida, es «verla venir». Por eso, los estímulos o clics que aparecen en tu vida dependen muchísimo del recipiente al que van a parar, y es diferente en cada ser humano.

Vamos al primer disparador. Una vez leí que despertaste a la vida a partir de una melodía. ¿Cuál es tu primera consciencia de clic? Tu primer clic significativo.

Bueno, el primer clic significativo, que probablemente me ha llevado a que me hagas una entrevista, es muy antiguo, casi del pleistoceno. Darte cuenta de que estás vivo y despertar en el parque del comedor entre «Eres tú», de Mocedades, y «Un beso y una flor», de Nino Bravo. Mi madre las ponía continuamente el sábado por la mañana. Entonces ponía ese vinilo de grandes éxitos y me acuerdo de *Jesucristo Superstar,* el disco que mis padres trajeron de Londres cuando fueron a ver la obra de teatro. Joder, esto ha quedado muy esnob [risas].

¿Qué edad tenías más o menos?

Debía de tener dos o tres años, pero me acuerdo perfectamente.

¿Dos o tres años?

Sí, sí. De hecho, es el único recuerdo que tengo de esa edad tan remota, como quien despierta de un coma y luego vuelve a dormirse. Es un despertar esporádico en el que piensas: «Suena algo realmente bonito», pero ni siquiera puedes verbalizarlo. Es un instinto, como mover el culo en el parque respondiendo ante un ritmo. Es algo innato. Recuerdo que esas armonías vocales setenteras me sacaron del dulce letargo donde dormita un niño. Luego vuelves a dormirte en el sueño lúcido que es la infancia. Supongo que esos primeros disparadores son como despertares intermitentes. Pero insisto, son cosas que verbalizas años después. En el presente, tengas tres o cincuenta años, uno vive. O debería.

¿Y el segundo clic?

Al segundo lo llamo la percepción del analfabetismo. Me explico: estaba delante de un calendario de Walt Disney y tuve una sensación muy extraña en ese sentido, porque cada día me subía a una silla e intentaba descifrar qué significaban aquellos símbolos. Sabía que ponía algo, pero me resultaba imposible averiguarlo. Lo mismo que me pasa hoy en día cuando veo algo escrito en chino. Recuerdo la frustración.

¿Qué edad tenías ahí?

Tres o cuatro.

Ah, o sea, un año más tarde. Qué fuerte.
No sé si la gente tiene recuerdos de su analfabetismo, pero yo sí los tengo. Soy un *freak* de narices, ahora que lo pienso.

Es muy bueno: recuerdos de mi analfabetismo.
Sí, y a partir de ahí no poder verbalizarlo, pero tienes la sensación de que estás como indefenso delante del mundo. Tu madre te lleva a la guardería y te encuentras con esos símbolos en los carteles de la calle, y tú no entiendes un pijo de qué va esto. Estás muy vendido. Siempre he pensado en el tema del analfabeto funcional, que hasta los sesenta años no salió del campo y no se enteró de nada. ¡Hostia! Llegar a la ciudad en la época de la inmigración franquista debía de ser muy frustrante.

Muy duro.
Pues sí. Entonces sucedió algo realmente bonito cuando estaba en párvulos. Resulta que yo, en aquella época, era el típico niño que se pasaba mucho tiempo debajo del pupitre imaginando historias de espías o, directamente, arrastrándome como un gusano por el suelo por el mero placer de hacerlo. Y claro, mis padres reciben una nota del colegio en que les dicen que ando retrasado en lectura. Entonces, mi madre, cada noche antes de ir a dormir, se sienta conmigo en mi cama y empieza a leer cuentos conmigo. Pues nada, aquí lo tenemos. De la noche a la mañana, paso a ser el que mejor lee de la clase.

Por la fuerza del cariño maternal.
Sin lugar a dudas. Ese espacio de intimidad entre madre e hijo, la sensación de sentirte acompañado en un

proceso de aprendizaje, motiva hasta a niños movidos como lo era yo. Luego, el tercer clic fue cerca de un año más tarde, en el parvulario de la Mercè: estar en un patio de edificios, subirme a una especie de tobogán y, arriba del todo, ser consciente del espacio. Del mar al fondo, de tejados y de terrazas que se abrían delante de mis narices, y de tener una noción del espacio que de repente se ensanchaba. Y pensar: «Vale, el mundo es jodidamente grande». Tú vas de casa al parvulario y, como niño de ciudad, no puedes tener una consciencia de la dimensión del planeta donde vives. Y yo la tuve desde una azotea. De pronto, ver miles de castillos erigidos. Ahí tuve una sensación muy mística.

¿Cómo fue?

Me resulta muy complicado de explicar. En *El hambre invisible* lo intenté definir. Era una sensación muy esotérica de «he vuelto», la cual, dicho sea de paso, no he vuelto a tener. Pero, insisto, todo esto lo sé porque, de alguna manera, esas escenas las he revivido en mi memoria muchísimas veces. Hasta que, de adulto, pude darles sentido.

¿He vuelto de dónde? ¿Con cuatro años?

Era un pálpito, como una sensación de «vale, estoy vivo ¡otra vez!». El «otra vez» es la clave del desconcierto que todavía siento cuando rememoro aquella sensación. Es una cosa muy *heavy* porque me lleva a pensar en la teoría de la reencarnación, que mi mente racional y cartesiana descarta, y, sin embargo, hubo algo así como una revelación no verbal. Pura, multisensorial. Una ráfaga de certidumbre. No hablo de una reencarnación tipo «fui un cabrero del siglo XII», sino que más bien se inclinaba a que mi existencia, la misma, se repetía una y otra vez. Y eso, claro está, desafía todas las leyes del tiempo. Luego me ha pasado esto mismo, aunque de manera más leve y más racional, en otras ocasiones, como, por ejemplo, una idea que ronda en mi cabeza desde hace tiempo. Te la intento explicar: resulta que a veces tengo la sensación de que la vida se repite miles de veces. El inicio es casi siempre el mismo. Sin embargo, hay cosas que suceden que van alterando, en esos universos paralelos, nuestro devenir. Pero, y esto es lo realmente importante, creo que hay personas importantes con las que te has cruzado en la vida y, si trazaras un mapa de cada universo paralelo, verías que son las partes estables de dichas variantes, algo así como peajes obligatorios. Quizá has conocido a X en una de las repeticiones, y acabasteis divorciados. Pues en la siguiente vida vuelves a encontrarte con X, pero digamos que ya estás advertido. Tienes una sensación muy fuerte de que esa persona, tarde o temprano, tenía que cruzarse en tu vida, que te vas a enamorar, pero a la vez sabes que esa relación acabará mal. Porque tal vez te has casado con X treinta veces en otras repeticiones pasadas. Y, en esta ocasión, decides dejar esa relación. Con esto me refiero a que hay personas con las que te encuentras en tu vida y con las que tienes una sensación extrañísima que se mueve entre el descubrimiento y el recuerdo. Pero también es posible, lo más sensato, que te esté contando una paja mental de tres pares de narices y espero que no sea así, porque menuda mierda que nuestra vida sea una repetición. Y hasta aquí mi momento asquerosamente metafísico.

Pongamos orden. ¿Recuerdas otro clic?
Hay un clic clarísimo que es escuchar un piano en directo y maravillarme. Debo decir que la cosa ya venía de antes. Esto va a quedar muy burguesito repelente, pero tengo que reconocer que en una casa a la que solía ir de pequeño había un piano. Entonces, desde los tres o cuatro años, sí que estuve ahí dándole.

¿El piano es el primer instrumento que te acerca a la música? ¿Antes que la guitarra?
Sí, antes que la guitarra.

O sea, tú aporreando un piano, un teclado, en casa de un amigo, de un pariente. ¿En tu propia casa había piano también?
En casa de mi abuela, que era donde pasaba los fines de semana, había un piano de cola espectacular. ¿Qué pasaba con los pianos de cola? En aquella época, en los años cincuenta, ese piano se compró para que mi tía hiciera los estudios de piano casi para reuniones sociales.

Claro. Era como la hora del té, y la tía tocaba cuatro sonatas de Bach.
Una pieza de Chopin, una zarzuelita...

La historia era: el té, las pastitas y la reunión social. El piano era la excusa para las pastas y el té.
Exacto. Y lo que se esperaba de una chica de la burguesía catalana era que estudiara lo justo y que aprendiera

piano para dar la imagen de que es un poco cultivada y, de alguna manera, poder casarse en condiciones. Y cuando mi tía tocaba el piano, yo me quedaba fascinado. La tieta Neus fue mi primer ídolo musical [risas]. Le profesaba una admiración absoluta y pensaba: «Caray, pero solo toca delante del *petit comité* que es la familia y ya está». Menuda frustración, ¿no? Porque, en realidad, un chaval es más competitivo en un momento dado. No sé, no existe ese conformismo que tenía la mujer en aquella época. Un chaval, de algún modo, está destinado a mostrar sus habilidades. La proyección de un niño siempre es convertirse en un superhéroe. Tampoco había muchas superheroínas...

Claro. El héroe era el hombre. Lo heroico era masculino.

Sí, y es increíble. Volviendo a mi tía, me preguntaba cómo podía tener esa coordinación de dedos. Pero a partir de ahí se casó, tuvo a mis primos, etcétera. Y ese piano ya no lo tocaba nadie. El piano de cola de casa de mi abuela se había convertido en un portafotos gigante.

Era un mueble insonoro.

Y nadie lo abría. Y la historia es que yo, desde los tres o cuatro años, iba a ese piano de mi abuela. Pero es que también había pianos en casa de mi madre. En todas partes había un piano. Fuera donde fuera, había pianos.

¿Y te sentías interpelado? ¿Te sentías invitado por esos teclados?

Absolutamente.

¿Te llamaban la atención? «Santi, ábrelo».
Sí. Yo me acercaba y abría la tapa. Siempre me acordaré de un sábado en que mi tío volvió de su trabajo y estaba durmiendo la siesta en el sillón. Eran unos fines de semana en que estaban mis tíos, mi padre… Mientras él dormía, yo abría la tapa y tocaba tímidamente, como un ladrón. Tecleaba un arpegio inventado, le daba al pedal de reverberación y ponía la oreja en la madera para escuchar todos los armónicos que se generaban. Ese eco infernal creaba un caos acojonante. Así podía pasarme dos horas perfectamente, dando por culo a mi familia inventando cosas, como si hubiera pillado un ciego. Tenía un Scalextric, y me daba absolutamente igual. A ver, jugaba con él, pero poco rato; al fin y al cabo, como era hijo único, me limitaba a hacer volcar el cochecito por mera frustración. En definitiva, el piano fue mi juguete favorito desde mi más tierna infancia, supongo que hasta que llegó la masturbación [risas].

Ese sonido te enganchaba.
Mi tío me decía educadamente: «¡Por favor! ¡Estoy durmiendo!».

Tú quedabas hipnotizado por el sonido de la reverberación de los ecos de las cuerdas y la percusión del piano.
Absolutamente.

Era entrar en otro mundo. ¿Tocabas como quien tantea?
Correcto. Siempre, de alguna manera, especulando. Y sacaba canciones de oído. Recuerdo que mis primos

me cerraban los ojos y me decían: «Toca tal canción», y yo lo hacía mientras ellos se reían.

¿Con los ojos tapados?

Sí. Y para ellos era como su distracción: verme tocar toda la canción de memoria con los ojos tapados. Y les hacía mucha gracia.

¿Qué canciones recuerdas que podías tocar de memoria en esa época? ¿De qué tipo de repertorio estamos hablando?

Cualquier cosa. Villancicos navideños, *Els Segadors*...

¿Qué edad tenías?

Siete, ocho. Para mi madre, que a su vez no había podido estudiar piano porque mis abuelos maternos le decían que eso era una pérdida de tiempo y que lo que debía estudiar era secretariado, su gran frustración fue no aprender a tocar el piano. Cuando se divorció, lo primero que hizo fue comprarse un piano [risas]. Y empezó a ir a clases de piano. Estuvo dos años y después lo dejó, pero también dejó ahí el piano.

Siempre tenías un piano que te invitaba.

Sí, así es.

¿Y tú a qué edad empiezas a estudiar música?

A los siete.

Vas a casa de una señora que tenía un piano y te enseñaba a tocarlo.

Sí, y luego hacía recitales para todos los padres.

¿Estudiaste solfeo y todo eso?

Exacto.

¿Tienes formación musical?
Sí; de hecho, me examinaba en el Liceo.
¿Y lo acabaste todo?
No, tengo hasta tercero de solfeo y tercero de piano, pero no lo acabé porque cometí el gran error de pensar que con lo que había aprendido ya tenía suficiente como para dedicarme a lo que me quería dedicar. Errores de juventud, de arrogancia estúpida. Pero hay cosas que me han pasado que eran como muy sintomáticas. Si en clase de dibujo en el colegio tenía que hacer la copia de un dibujo, sacaba un cinco pelado. Cuando tocaba dibujo libre, sacaba un ocho o un nueve. A partir de ahí, en un examen en el conservatorio del Liceo me tocó por sorteo una pieza ultracomplicada y la hice de carrerilla.
Impresionante.
Y mi profesora, a mi lado, decía: «Vas a sacar un sobresaliente». En cambio, fui a buscar la escala que tenía que tocar, y me tocó la escala de do mayor, que es la más fácil. Un lerdo absoluto la sabe hacer. Pues no la hice bien. Y mi profesora se llevó las manos a la cabeza en plan: «Yo te mato. ¿Cómo eres capaz de hacer esto tan complicado y lo fácil no?». Aprobé con un suficiente pelado. Todavía recuerdo las caras de pasmo del tribunal.
¿Y a qué lo achacas, Santi?
A no prestar atención al proceso como un japonés lo hace. Lo que yo quería era ir directo a la mandanga. Y la mandanga era esa pieza que sonaba, no un do. ¡Era horrible, eso! Hacerlo continuamente: mi – sol – do,

mi – sol – do. Estúpidamente, pensaba: «¿Dónde me lleva esto?». Esa parte poco lúdica del asunto.

Tú necesitas lo lúdico. Necesitas divertirte.

Sí. Y ese es quizá el problema que han tenido hasta ahora las academias, que han estado preparando a la gente para ser concertista de piano. Y solo habrá uno entre un millón. Ojalá hubiera seguido estudiando música, pero por aquel entonces, en los ochenta, las escuelas de música eran muy ortodoxas y decimonónicas. El acercamiento al pop era nulo. Lo mismo con la composición.

No les hacían disfrutar la música. No había emoción, diversión, sino aburrimiento, estructura, demasiada disciplina, ¿no? Eso desincentiva.

Sí, creo que todavía se estudia como en el siglo XVIII. Yo siempre había ido a solfeo, estaba en el coro del colegio, en la banda municipal del colegio tocando el clarinete; en definitiva, siempre he estado rodeado de música porque mi madre y algunos profesores ya veían que tenía una facilidad para eso. Y también porque mi madre intentaba proyectar en mí su frustración de no poder tocar el piano (a ella no le dejaron hacerlo porque consideraban que era un acto demasiado ocioso). Mi familia materna era mucho más pragmática que todo eso.

Y esa forma de enseñar puede matar vocaciones en el mundo de la música.

Es probable. A mí, aquellas clases de piano, que sigo agradeciendo, no me habrían llevado a nada si no hubiera conocido la música de este siglo. Porque me daba la sensación de que, sí, Bach estaba muy bien, pero no era lo que sonaba en las radios en esos momentos. Y no hay un acercamiento. Es como en la literatura, y en el caso de la literatura, hay profesores y libros que son genocidas de una pasión lectora. Como decía, creo que Rosa Montero, en una entrevista, no puedes dar a los niños *El Quijote* y obligarlos a leer bajo el pretexto de que es uno de los mejores libros de todos los tiempos. Porque si aquella niña o niño no conecta con *El Quijote,* como casi a buen seguro sucederá, pensará: «Si este es uno de los mejores libros de todos los tiempos, no quiero saber cómo serán el resto». Lo mismo con *Tirant lo Blanc* en catalán o valenciano. Has perdido una oportunidad. Encima, nadie hace una previa del contexto. «Mirad, en aquella época hablaban así, como al revés» [risas]. Y el mundo de la enseñanza desperdicia, a mi modo de ver, un género que me parece ideal para introducirte en el mundo de las palabras: el cómic.

¿Tú empezaste leyendo cómics?

Efectivamente. Hice un tránsito de un mundo imagen-texto, hasta que las imágenes ya no fueron tan necesarias porque ya era capaz de abstraer y crear las mías propias. Si fuera por los libros que me obligaron a leer a cierta edad, hoy en día detestaría la literatura. Amo a Gabriel García Márquez, pero *Relato de un náufrago* me pareció insoportablemente angustioso a la edad que me obligaron a leerlo. Hay cómics como *Maus* que iniciarían un amor hacia el libro, entendido como objeto. A mí, personalmente, el que me voló la cabeza fue *El último recreo* de Horacio Altuna y Carlos Trillo. Y los dibujos de Richard Corben con historias como *Den.* Empecé a conocer a Lovecraft a partir de la revista *Creepy,* que pasó a cómic algunos de sus relatos.

¿Comprabas esos cómics?

No, lo más curioso es que era mi padre. Los domingos me traía uno junto a su periódico. Un buen día, pasó de traerme las historias de Mortadelo y Filemón, o Zipi y Zape, a una revista llamada *Dossier Negro.* Joder, aluciné. Pensé que me estaba lanzando una indirecta, o bien que se los había comprado para él y, una vez devorados, me los pasaba. O quizá quería decirme algo así como: «Oye, lee cosas más serias». Mi padre lee mucho. A mi madre le gusta la música. Soy una mezcla absoluta.

¿Puede que fuera un despiste por su parte?

Quién sabe. Ya no le pedía historias de Mortadelo, a quien sigo amando, pero a partir de entonces ya no hubo vuelta atrás. Lo único que quieres es ese mundo nuevo de ciencia ficción, y esperas cada domingo a que tu padre vuelva del quiosco con buen material. *1984,* que posteriormente pasó a llamarse *Zona 84, Metal Hurlant, Creepy…* Por eso estoy convencido de que el cómic es la gran puerta a la lectura. Porque, en referencia a los sistemas pedagógicos, ni todo el mundo ha nacido para ser concertista de piano, ni todo el mundo ha nacido para ser Cortázar. Pero, al menos, deberíamos crear un grupo de gente lo más amplio posible que mantenga su receptividad hacia el libro, que pueda ir creciendo, según la edad que le corresponda. Provocar estímulos, más que evaluar, debería ser la obligación de nuestro sistema educativo. Crear a gente motivada, enamorada de algún ámbito, o de varios. Creadores de clics o disparadores. Lo agradeceríamos todos. Lo siento, me he vuelto a ir por las ramas. La cuestión es que, de alguna manera, me alejé, y sí, seguía tocando en casa, pero por *hobby*, porque me gustaba cómo sonaba, etcétera. Mi vocación no había despertado todavía.

Siguiente disparador.

Tenía casi ocho años. El analfabetismo poético, lo llamo. Empezaba tercero de EGB, al día siguiente sería mi primer día en un colegio nuevo. Mi madre llegó con los libros de texto. Me senté en la terraza ilusionadísimo, sensación que, para mi desgracia, no tuve nunca más. Abrí el libro de texto de literatura. Ahí di con un poema de Machado.

¿Leyendo a Machado con siete u ocho años?

No, no [risas]. Estaba ojeando el libro y di con un poema de Machado. Pues bien, no entendí nada. Un analfabeto poético. El que no entiende ni una metáfora.

No pillabas una mierda.

No, pero pensaba: «¿En qué idioma está hablando?». Entendía todas las palabras y, en cambio, su combinación parecía un enigma. Pensé, para mis adentros: «Espero que alguien me explique cómo descifrar esto». Nada más lejos de la realidad. Sabía que no tenía las claves para solucionar el enigma, descubrir lo que escondían aquellas palabras, porque…

... intuyo que hay algo espectacular.
Sí. Sé que aquí hay un malabarismo que no es «Pepito tiene una bicicleta», ¿no? Es un uso diferente. Y a partir de ahí ver claramente que tu querencia va a ser más ese mundo que no el de las formas geométricas, en las cuales yo, por ejemplo, soy un negado. O las matemáticas, que para mí... Y eso es raro, porque, siendo músico, también tengo un concepto matemático de la vida y, en realidad, creo que la música es una matemática emocional. Pero nunca he sentido ningún placer con una fría ecuación. Y hay gente que sí.

¿Te explicaron cómo interpretar un poema?
Negativo. Todo fue un desastre absoluto. Cero estímulos. Ese fue un clic en negativo. Ahora, y visto con el tiempo, me doy cuenta de que yo tenía más prisa y de que en realidad no estaba preparado. ¿Cómo diablos vas a interpretar una metáfora si ni siquiera tienes la suficiente comprensión lectora? Pero otra cosa es que pasara de oler los libros de texto de aquel curso en ciernes a, una semana después, odiarlos. Todos. Sin excepción. Incluido aquel libro que contenía versos de Machado. Algunos profesores, lamento decirlo, eran aniquiladores de la motivación. Entiendo que sea complicado gestionar una clase de treinta chavales mocosos, pero hay maneras de llamar la atención de un niño.

El ejemplo más claro sucede con las matemáticas.
Nunca he escuchado a un profesor de matemáticas que empiece su primer día diciendo: «Muy bien, muchos

de vosotros seguro que odiáis las matemáticas, pero las matemáticas están en todo. En cualquier proceso vital hay escondido un cálculo matemático. Cuando andas. Cuando el líquido de tus oídos te mantiene en equilibrio. Cuando saltas un charco».

Vamos al clic fundamental.

El clic fundamental, que no el primero, me sucedió con once años. Estaba en el autocar que nos llevaba a un campamento de verano. Mi amigo Joan me dijo: «Escucha esto». Tenía un *walkman* Sony de última generación. Me puso los auriculares, le dio al Play y allí sonó «The Logical Song» de Supertramp. Por aquel entonces, yo no tenía ni idea de lo que iba a ser en mi vida. Hasta ese momento, la música me encantaba, pero no consideraba la posibilidad de dedicarme a ser músico. Sin embargo, cuando mi amigo me puso aquella canción, tuve una epifanía. «Quiero ser compositor», me dije. Ahora, visto con el tiempo, me doy cuenta de que subí a aquel autobús sin saber a qué me quería dedicar y, cuando bajé, ya lo sabía.

Kilómetro 1

«The Logical Song» y «Susanne»

Una ampliación de la consciencia

Todos estos clics, por lo que entiendo, son ventanas abiertas a la consciencia: soy consciente de que soy un analfabeto, soy consciente de que el mundo es más grande, soy consciente de que una música me hace vibrar o saltar un poco. Son como pasos hacia la consciencia. Cada clic es una consciencia que se abre, ¿no?
Totalmente, y lo comparo con el monolito de *2001: Una odisea del espacio.* Cada monolito es un salto evolutivo. Mira, hace un tiempo aprendí algo muy curioso; me lo explicó un mexicano hace muchos años. Me dijo: «Hay cuatro tipos de personas en cualquier profesión: el incompetente inconsciente, el incompetente consciente, el competente inconsciente y el competente consciente».

¿Y cómo son?
El incompetente inconsciente es alguien que no sabe hacer algo y ni siquiera sabe que es un inútil. Por

ejemplo, quien canta peor en un karaoke y empieza a entonar «I Will Survive» sin afinar ni una nota es por lo general el incompetente inconsciente. Cantas fatal y, como no tienes oído, no te das cuenta. Y estás siendo un suplicio y solo puedo reírme contigo porque no hay otra manera de tomárselo.

¿Y el incompetente consciente?

El incompetente consciente es cuando eres totalmente consciente de que no tienes todas las armas a tu favor. No tienes el nivel, pero al menos ya lo sabes.

El competente inconsciente y el competente consciente.

El competente inconsciente es cuando ya has adquirido la habilidad, pero no te has dado cuenta de que ya sabes hacerlo. Simplemente ha sucedido y tardas un tiempo en darte cuenta. Y luego está la metaconsciencia que te dice: «Vale, sé escribir» o «Sé hacer una casa y soy perfectamente consciente de que la puedo hacer». No sé en qué fase se encuentra el clic que me hizo pensar que tenía un cierto talento para componer, pero sí puedo decirte que es como una ampliación de la consciencia. Cuando te das cuenta de lo importante que llega a ser la imaginación humana y hasta qué punto llega a incidir en nuestro día a día, desde los inventos que nos mejoran la vida hasta una canción que redescubre algo que había en ti. El mundo de la creación es tan importante que nuestra vida ha sido influenciada por arquetipos irreales. Por ejemplo: para muchos de nosotros, el vecindario que tenemos no es un únicamente un vecindario real, sino que en el segundo tercera de tu cerebro está Drácula; en el ático, Dorian Gray; en el principal, Han Solo; en el entresuelo primera, Cortázar paseando por París..., y nos parecen más reales que aquel vecino del segundo tercera con el que jamás has cruzado palabra. De hecho, cuando el arte crea arquetipos de conducta, dígase David Copperfield o Don Quijote, el ser creado pasa a ser más humano que los modelos reales.

En un momento dado quizá tienes más afinidad con Batman que con tu vecino, ¿no?

Eso ya forma parte de nuestra necesidad absoluta por tener relatos a los que asirnos. Y esos relatos tienen sus personajes, héroes, antihéroes. Perdona, creo que nos estamos desviando del tema. Mi problema, cuando pienso, es que voy creando ramificaciones a partir de una idea inicial. Y puede que sea complicado seguir un hilo normal.

Antes has dicho que tu clic definitivo te llevó a la siguiente frase: «Quiero ser compositor». Me llama la atención que no digas músico.

Compositor. O creador, si lo prefieres. Hacedor de cosas. Ingeniero de emociones. Cantamañanas. Mi profesión tiene muchos nombres, como el diablo [risas]. Cuando insisto en el concepto de compositor, me refiero a que tocar un instrumento con una técnica encomiable jamás ha sido mi objetivo.

Intuyo que el enfoque es diferente. Pero ¿a qué te refieres exactamente?

Siempre me he acercado a un instrumento musical para saber qué me puede ofrecer, no como intérprete, sino como compositor. Tengo la sensación de que cada sonido de un teclado, cada guitarra, esconde unas canciones en concreto y yo debo extraerlas. Convertirme en un instrumentista que hace solos a la velocidad del demonio jamás ha sido mi objetivo. Quería una visión más global: coincidía del todo con mi dispersión absoluta. Sin embargo, me he comprado algunos instrumentos solo para saber qué puedo extraer de su interior.

Así pues, una canción te empuja hacia lo que eres ahora. Una en concreto.

Sí. Pero automáticamente vinieron otras canciones, como «Moonlight Shadow» de Mike Olfdield, o «Misty Mountain Hop» del *Led Zeppelin IV,* disco que devoré junto al *Wish You Were Here* de Pink Floyd. Todos eran discos no contemporáneos, culpa de que fueran recomendaciones que habían hecho los hermanos mayores de mis amigos, como el *Tubular Bells* de Mike Oldfield. También hubo otras cosas que ya eran más contemporáneas a mis doce años, como el vídeo de «Close to Me» de The Cure. Y siempre recordaré «Blue Jean» de David Bowie.

Guau.

Y todo esto pasa en cuestión de un par de años. La cabeza se te ha girado absolutamente al revés. Entonces tenía las armas, ya había estudiado guitarra durante tres meses, había empezado a sacarme canciones de los

Beatles, tenía mis conocimientos de piano, y de repente todo converge en cosas que dices: «¡Ah! ¡Se puede hacer esto!».

«Blue Jean», «Blue Jean».

Sí, no es la mejor canción de Bowie, pero, claro, verlo un sábado por la mañana… No sé en qué programa era…

En *Pleitaguensam,* el programa de Lulú Martorell.

Seguramente.

Y la actitud, ¿no? Y el tema teatral también. Porque no me has sacado a cualquiera, me has sacado a David Bowie, que, además, para ti es muy importante porque es la imagen, es la puesta en escena, es el artista total, no solo música, ¿no?

Cuando tú ves a Bowie, no estás viendo a un terrícola. Por decirlo de otra manera, había gente de mi pueblo que iba con el uniforme homologado de *heavy,* lo que me parecía muy bien, pero, sin embargo, no me resultaba nada perturbador. Pero, de repente, ves a ese tío disfrazado, caracterizado, con todo el cortometraje que se montó con «Blue Jean», que se desdoblaba a sí mismo y hacía de personaje anodino y de estrella del *rock.* Ese tío que invita a la chica a un concierto de ese tipo para ligársela, y entonces se ve que ella ya se conoce con aquel extraño divo y él ha sido simplemente un puto pretexto de pagafantas para poder acceder a él.

Tú ahí ves un mundo de posibilidades, ¿no?

Claro. Yo era el chaval de doce o trece años, el matado que estaba en el público. Y hay una cosa muy bonita en ese vídeo, que es como la confrontación del yo y el superyó en la misma persona. Es exactamente el mismo tipo, ¿sabes? Pero Bowie como público va caracterizado con una tirita en la nariz, porque es tan tonto que ni siquiera sabe disimular que es torpe. Y luego lo ves a él en su máximo apogeo. Después vienen temas como «The Boxer» de Simon & Garfunkel, «The Unforgettable Fire» de U2, «Abril 74» de Lluís Llach, «Qualsevol nit pot sortir el sol» de Jaume Sisa o «La tieta» de Serrat. Descubres que puedes hablar de cosas muy profundas a través del pop. Puedes hablar de lo que quieras, en realidad. Y la conexión emocional. Es muy curioso: no entiendes ni jota de lo que dice un cantante inglés, pero percibes un estado de ánimo. Luego traduces ese tema y te das cuenta de que más o menos hablaba de lo que pensabas. Esa es la magia de la música, y eso me pasó con «The Logical Song». Como he dicho antes, la música entendida como una matemática emocional, si está bien hecha, no necesita ni siquiera de un idioma común. Hay algo que se transmite a través de las notas, la interpretación, el timbre, incluso los silencios, y trasciende del idioma empleado por el cantante. Me resulta muy emocionante pensar acerca de ello, pero no solo sucede con la música cantada, sino también con la instrumental. Escuchas a Wagner, la obertura de *Tannhäuser,* y no percibes únicamente un halo de majestuosidad, eternidad, épica, sino que también intuyes los ángeles y demonios internos del tipo en el instante de componerla. Y no hay una sola palabra que medie. Notas enlazadas con una maestría brutal. Por supuesto, conocer el contexto histórico ayuda, pero incluso ignorándolo...

... se percibe.

Eso mismo. El resto de artes que conocemos necesitan ser más obvias para enviar un mensaje claro. Eso es así, o, al menos, cómo lo siento. No obstante, y volviendo al tema del clic o disparador, está claro que el estímulo cae en saco roto si el ser estimulado no tiene una tendencia a ser movido por el estímulo en cuestión. Habrá quien vea a Fernando Alonso y piense: «Quiero ser piloto de Fórmula 1». Sin embargo, en mi caso, observar una carrera de Fórmula 1 cuando era pequeño me provocaba un aburrimiento soberano. Hay una tendencia en toda naturaleza humana a reaccionar ante según qué cosas y a mostrarse neutro o negativo ante otras. Difiere en todas las personas. Luego hay otros seres que, directamente, no han tenido ningún estímulo. Eso, como padre que soy, siempre me ha aterrorizado. ¿Seré capaz de provocar algún tipo de disparador en mis hijas? Porque, sinceramente, ir por la vida sin un propósito claro es andar de una manera bastante superficial y, lo que es peor, acabas trabajando para el estímulo de otros.

Hay gente que no experimenta nunca ese momento en el que nace su vocación.

Por supuesto. En el fondo, si son felices, son los seres humanos que más admiro. Aunque hay un prototipo de gente, que son los *survivors,* que les haces trabajar en un bar o de comerciales y encajan en todo. Es algo que me hace quitarme el sombrero, aunque a la vez me desconcierta.

A mí también.

Gente que es feliz con todo. Sumamente adaptable. De aquellos que naufragan en una isla desierta y al cabo de una semana ya han empezado una vida nueva, ya tienen construida su cabaña, le han puesto nombre a su barca... [risas].

O sea, tú necesitas unas condiciones determinadas para ser feliz.

Yo sí. Pero quizá porque soy un ser mucho menos apto que los otros. No he llegado al maravilloso grado evolutivo de conformarme con cualquier cosa. Quizá con sesenta años... Pero durante mucho tiempo percibí que solo sería feliz siendo lo que soy. Y, créeme, fue una tortura cuando las cosas no funcionaban. Me jodió algún fragmento de mi juventud. Estuve a punto de ser un frustrado. Es cierto cuando dicen que una vocación es, en cierta medida, una esclavitud. De hecho, sufrí durante una década de unas migrañas terribles, las llaman «cefaleas suicidas», que atribuyo a mi frustración de aquel entonces. *Cluster,* también las llaman. No quiero ni recordarlo demasiado.

Volvamos por un momento a tus hijas. ¿Has conseguido despertar en ellas según qué interés por una disciplina?

Creo que sí. También quiero decir que he ido con mucho cuidado de sobrestimularlas. He intentado calibrar el momento justo para cada posible disparador, película, libro, canción, y algunas veces la he pifiado por precipitarme. He esperado hasta los dieciocho de mi hija mayor para ponerle *La gran belleza,* por ejemplo. Es una pérdida de tiempo mostrar según qué cosas de manera precipitada, pero el caso es que llueva en el inconsciente de un niño. A veces parece que aquella película que has puesto cae en el saco roto de la indiferencia, pero, poco a poco, aquello va haciendo mella, y el resultado puede aparecer muchos años después. Por ejemplo, el disparador de «The Logical Song» es el último eslabón de una cadena que me llevaría a la música. Hubo otros anteriormente, como he mencionado antes, que, por decirlo de alguna manera, prepararon el terreno. Otra cosa que como madre o padre deberías hacer es percibir qué tipo de estímulos funcionan con tu hija o hijo. Puede que no tengan nada que ver con los tuyos. El caso, insisto, es que llueva.

Luego los tiempos de cocción de cada uno son los que son.

Exacto.

Sigamos en el apasionante mundo de los clics o disparadores.

El siguiente es curioso porque obedece al erotismo. Sucedió el último día de unos campamentos que me cambiaron la vida. Vi a mi primo mayor tocando la guitarra rodeado de un corro de gente, en especial chicas. Yo estaba fuera del círculo, y mi ego asqueroso de enano no es que no pudiera soportarlo, pero pensó:

«Quiero estar en el puto medio del círculo». Pero por un aspecto absolutamente erótico, ¿eh? De tener a todas esas chicas alrededor.

¿Y qué pasó después de eso?

Volví del campamento y le dije a mi madre que quería aprender a tocar la guitarra. Porque con un piano no podía. Había un aspecto como muy práctico en mi mentalidad de niño. Y carnal.

La guitarra es un piano portátil.

Exacto. Y a partir de ahí me pongo a estudiar guitarra tres meses con un tío que ahora es cura. Íbamos tres o cuatro chavales los martes a las siete de la tarde. Y como más o menos ya sabía tocar el piano, empiezo a tocar la guitarra. Y de repente, plof.

¿En qué sentido? Explícame esa sensación. Coges la guitarra y en un minuto tu vida cambia. ¿Cómo lo notas? ¿Qué notas? ¿Qué pasa?

Es como si de pronto explotara un universo dentro de ti. Me di cuenta de que las ondas que me generaba no eran las de un juguete. Eso era un arma. Eso era un colisionador interior de neutrones. Enseguida surgieron melodías que acompañaban esos acordes primigenios.

Un arma de construcción masiva.

De construcción masiva, exacto. Es como si me hubiera abierto en dos. A partir de ese momento adquiero un conocimiento funcional de lo que es una guitarra, pero justo en ese preciso instante conozco a Supertramp y a los Beatles. Y entonces ya conozco una música que no es una música melódica más cercana a mis padres, algo que no correspondía al inicio hormonal y rabioso que empezaba a generarse dentro de mí.

¿Y qué ocurre entonces?

Se produce un *big bang* con esa guitarra.

¿A qué edad lo sitúas?

A los once.

A los once conoces a Supertramp, a los Beatles. ¿Qué más?

Posteriormente a Led Zeppelin, Pink Floyd, The Cure, los primeros U2, The Smiths, Pixies, My Bloody Valentine… Todos me volaron la cabeza. Y de repente surge esa especie de «mira, se puede hacer esto y tú tienes una guitarra». Y coges la guitarra y empiezas a tocar y a canturrear tímidamente. Acto seguido te enteras de que un tal Mike Oldfield había grabado él solito un disco entero llamado *Tubular Bells.* Y así pues, pillas un par de aparatos de *cassette.* Grabas en una cinta una serie de acordes. Luego le das al Play, suena lo que has grabado y tocas encima una melodía. Cuando ya la tienes clara, grabas en el segundo *cassette* lo que suena en el primero más lo que grabas en aquel instante. Vamos, has creado un multipistas barato en tu habitación. Si algo de lo que grabas funciona, entonces dices: «Guau, qué está pasando aquí». Quizá al ser hijo único de padres divorciados en una época sin móviles tenía mucho tiempo para estar en mi mundo y tal, y de repente decir: «Hostia, esto es una amistad. Se acaba de generar una amistad muy *heavy*». Jamás había notado una conexión con un objeto.

Una amistad: tú y la guitarra.
Sí, porque ese objeto estaba vivo, era una extensión de mí. Me ayudaba a expresar algo. Ese algo se materializa por primera vez con la primera canción que compongo, a la que llamé «Susanne», supongo que influenciado por la canción de Leonard Cohen. No hay palabras para expresar cómo te sientes al componer tu primera canción. A partir de ahí fue a más, y cada vez pasaba más horas y más horas, y cada vez necesitaba menos de todo.

¿De todo? ¿De estímulos de la vida?
Me refiero a cosas materiales, a no estar como un loco pensando que necesito unas zapatillas nuevas. La guitarra, el piano, la música, en definitiva, me convirtieron en un ser muy poco materialista, en un chaval cuya vida interior era casi como el armario de Narnia, un mundo diferente, y me atrevería a decir que un escudo protector. Componer una canción que te guste puede arreglarte una semana de mierda. Volviendo a *2001: Una odisea del espacio,* cuando toca el monolito, a partir de la primera composición, ya no hay vuelta atrás. Has dejado de ser un *chimpa* [risas] y acabas de convertirte en un mutante.

Es un camino irreversible.
Sí, porque cuando componía, algo resonaba en mi interior. Como si un cable interno que desconoces, y que te atraviesa de la cabeza a los pies, de repente resuena y se enciende. Solo lo puedo comparar con el enamoramiento. Pero, al tratarse de música, lo llamo «la resonancia». No sabes por qué, pero esa melodía hace que resuene

algo en tu interior. Y, por supuesto, sigo aplicando la máxima siguiente: si a ti te eriza el vello, es muy probable que le suceda lo mismo a un sector de la sociedad. Porque todos estamos hechos de la misma pasta.

¿Siguiente clic?

Me sucedió con trece años. En el colegio montamos un grupo; éramos los chavales de detrás del autobús del colegio Pare Manyanet de Les Corts.

Muy simbólico.

Sí, los de detrás del autobús.

Los que hacíais más follón, seguramente.

Correcto. Éramos los que sacábamos unas notas medias y que, de alguna manera, éramos como el contrapoder de la clase, porque teníamos ese ingenio y ese sentido del humor que siempre hacía que nos llamaran la atención todos los profesores y que no se pudiera decir que éramos malos estudiantes, pero que ejercíamos un contrapoder con los empollones.

Erais un poco la contracultura.

Sí, exacto.

La contracultura del final del autobús.

Y esas cuatro personas son muy importantes, y aún mantenemos el contacto: Ramiro, Godi y Alonso. Uno también ha acabado siendo músico, otro es profesor de literatura y otro ha terminado siendo un buen arquitecto. Y nos seguimos queriendo mucho.

¿Y qué hacíais? ¿Canciones propias?

Bueno, pues recuerdo que Alonso tenía una batería de juguete.

¿Qué edad me has dicho que teníais?
Doce. Yo me llevé un órgano que solo tenía un sonido, y otro colega trajo un casiotone. Y entonces, como a nadie se le ocurría nada, empecé a mostrar canciones que tenía.

No hacíais versiones.
No, nunca, jamás [risas]. Nuestro primer nombre fue Inquisición, y teníamos un póster de Iron Maiden al que llamábamos «Santo Jimeno, patrón del *heavy*». Pero no éramos *heavies.* Después nos llamamos Feats, que quiere decir «hazañas». Era un grupo de EGB.

¿Y siempre eran canciones tuyas?
Sí. Recuerdo que, cuando empecé a canturrear cosas, todos abrieron la boca en plan: «¡Hala, tío!». Y ahí realmente piensas que hay algo que te diferencia un poco del resto.

¿El acto de la creación?
Ser compositor lo tenía claro. Pero percibir que lo que componía era interesante, la aprobación de mis amigos, me estimuló muchísimo. Aquella intuición pasa a ser un «ok, voy bien encaminado». A partir de entonces, quedábamos los sábados por la mañana, el momento más feliz de la semana. Los *nerds* de la clase, los de la línea media de calificaciones escolares, ni empollones ni los que están en el abismo del fracaso escolar. Creo que fue el tercer o cuarto sábado cuando me vino la madre de un amigo, me llevó a un rincón y me dijo, muy seria: «Escúchame, tú vas a llegar al mundo de la música. Es im-po-si-ble que eso no suceda. Tienes

talento, y estoy segura de que vas a llegar. Sucederá, tarde o temprano».

Guau.

Me dejó perplejo. Tienes doce años y no tienes ni pelo en la cara ni nada, y, de repente, la visión de C, una persona a quien le supones un criterio como era ella, cuando te dice algo con esa rotundidad... Volví a casa con esa conversación retumbando en mi cabeza. Creo que ella pensó: «Bueno, estos que son colegas, algún día la vida los llevará a cada uno por su lado, etcétera». Lo bueno es que su hijo también se dedica a la música, pero más a nivel de intérprete. Ella me hablaba en un sentido de autoría, porque en ese momento ya hacíamos canciones como propias. Pero, coño, al cabo de un tiempo no pasa nada. Al cabo de los años tampoco pasa nada. Y a veces pensaba en ella y me decía: «Pues hostia, quizá se equivocaba».

La tenías como un referente, ¿no? Era como la gran pregunta: ¿está en lo cierto C?

En realidad, lo verdaderamente importante fue el ánimo que su comentario me dio, así como las palabras de mis amigos, porque, dejémonos de hostias, existe un clic importantísimo: darte cuenta de que lo que haces no acaba en ti, sino que es capaz de llegar a los demás. Somos seres sociales y gregarios. La aprobación de tu tribu es fundamental.

¿Hubo otro clic?

Sí, pero no es tan importante. Ver *Amadeus* en el cine. Pensar que a través de la música puedes conectar con alguien que vivió hace siglos me dejó perplejo. Porque, curiosamente, escuchar a Mozart era un acto de modernidad. Porque no lo conocía. Así pues, la modernidad pasó a ser un concepto mucho más complejo. Eso es así. Y lo que me llama más la atención es que, independientemente de los siglos que hayan pasado, escuchar por primera vez a un artista es un acto de modernidad. Porque, aunque sea música dodecafónica o gregoriana y tenga más años que un bosque, para ti es la primera vez. Es moderno, aunque suene paradójico. Hay una tendencia en la juventud a pensar que todo nace y muere con su generación. El tema de matar al padre, es decir, a los estilos inmediatamente anteriores.

Por no hablar de lo que sonaba en otros siglos. Hay un ejercicio de coyuntura que nos deberían explicar. Por ese motivo, cuando era pequeño, odiaba a Mozart, y te diré por qué. Lo usaban en Televisión Española para cuando se quedaban sin programación o había problemas técnicos o de conexión con el siguiente programa. Entonces enchufaban imágenes de castillos de España y música de Mozart de fondo. Me ponía de los nervios. Me sonaba rimbombante, incluso facha. Y, de repente, voy al cine a ver *Amadeus.* Tengo, no sé, catorce años. Y, maldita sea, aunque es una pseudobiografía con muchísimas licencias cinematográficas, entiendo la coyuntura del autor. Y descubro que existe el Réquiem. Y, de repente, encaja to-do. Aquel tipo que para mí, anteriormente, no era más que un señor con peluca con muchos aires de grandeza, se me transforma en el puto Prince del siglo XVIII. Y mi mente se ensancha. Con esto quiero decir que hay que conocer las coyunturas para entender mejor la música que en un principio no entiendes, porque andas en tu mundo generacional, el cual, de manera ególatra, te parece el mejor.

Tuviste un momento John Boy con Mozart.

Sí. Y con Bach, Wagner, Chopin, Debussy, en fin, con tantísimos. Modernidad se convirtió en estar abierto a cualquier cosa, pasada o presente. Me parece triste cuando alguien de mi edad empieza con la cantinela de que no hay nada nuevo que valga la pena. Pero también me parece triste el hecho de pensar que la modernidad se basa en estar a la última, porque cualquier cosa que escuches, sea de ahora o de hace quinientos años, si es la primera vez que la escuchas, debería sonarte moderna. También pensamos que con nuestra generación nace y muere todo.

Es cierto, siempre tenemos esa sensación.

Y no es así. Y otra cosa: en realidad, nada de lo que estamos hablando importa, porque me temo que nada va a sobrevivir. Creo que la mayoría de cadenas se han roto entre las generaciones. Muy pocas cosas pasan el filtro del tiempo. No es culpa de los padres, ni de los hijos, sino de la falta de tiempo para pasar información de una generación a otra. Porque hay demasiada, demasiada oferta en todos los sentidos. Porque estamos obligados a continuar consumiendo. Aunque, curiosamente, los que siempre llenan estadios son los que ya lo hacían en los noventa. Pero cuando estas bandas desaparezcan, no lo sé. Me da la sensación de que en cien años se escucharán cosas y ya nadie tendrá ni puta idea sobre si eso es original, o una copia, una versión, un homenaje, y tampoco si ese tipo de clasificaciones importarán demasiado. Imagino el futuro como una reverberación de estilos, pasados, presentes y futuros. Si fueras un historiador del siglo XXIII, dentro de doscientos años, ¿cómo catalogarías la infinita cantidad de canciones o películas que se hicieron en el siglo XX? Creo que al final sobrevivirán un par de canciones de los Beatles y para de contar [risas], así que menos lobos para todos los que estamos metidos en esto. Somos caducos, no trascenderemos.

Es un poco duro lo que dices.

Lo tengo muy claro. Quien se haya metido en esto de la creación para trascender se ha equivocado. En cambio, imagino a un tipo como Mozart, quien en grandísima parte componía con el objetivo tan trivial de poder comer, y resulta que ese tipo trascenderá para siempre. El siglo XXI es un tiempo pica-pica. Ya no hay menús con cuatro platos para elegir, es decir, bandas con sus discos, sino que es una carta repleta de platillos, que podrían compararse a los *singles* elaborados por mucha gente. Una atomización. Pero, en cambio, como nota positiva, hay un gran eclecticismo y pueden salir grandes cosas. Así como de la inteligencia artificial.

¿Crees que puede emocionar una creación hecha por una IA?
Claro, pero antes tienes que hacer algo. Traumar a la IA. Que le suceda algo en su «infancia» que le duela lo suficiente como para que su obra pueda transmitir fragilidad, humanidad.

Eso es muy peligroso.
Sí, pero algún chalado lo hará [risas].

Kilómetro 2

Love of Lesbian

Vender tu alma al diablo

Cuando era pequeño soñaba continuamente con vender mi alma al diablo.

Desarrolla esta idea.

Me aburría en clase y había leído cosas sobre la figura del demonio. También me marcó mucho un documental que vi en la televisión sobre la figura de Satán. Luego leí un artículo en una revista que se había comprado mi padre sobre *La profecía.* Recuerdo que tenía ocho años, y la idea de venderle el alma al diablo, lejos de generarme pesadillas, se instaló en mi cerebro de una manera muy divertida y morbosa. Estaba en clase e intentaba identificar a algunos de mis compañeros que me parecían hijos del maligno, por motivos tan estúpidos como que tenían las orejas puntiagudas. Luego me imaginaba a mí mismo pactando con el diablo. Una vez, aburrido en casa, procedí a invocarlo directamente tirándome al suelo del comedor. Pensaba que ahí abajo estaba el infierno, obviando por completo que en realidad vivía en un segundo piso y que, como máximo, podía haber invocado a mi vecino [risas]. Menudo colgado era de pequeño.

Perdóname, me parece una anécdota divertida, pero no veo cómo vas a enlazar cabos.

Pues porque entiendo que si alguien quiere dedicarse a la música, si sueña con tocar delante de miles de personas, es que sufre algún tipo de carencia, del mismo modo que tampoco es normal soñar con venderle tu alma al diablo a esa edad. Satán es el contrapoder. También creo que semejante deseo venía generado porque con esa edad me enteré de que mi bisabuelo paterno fue expulsado del seminario por diferencias teológicas con el profesorado, y que el cura, en su funeral, le dedicó dulces palabras como «ha muerto alguien que irá derecho al infierno».

La expulsión de tu bisabuelo del seminario hace que tú estés aquí.

Desde luego. Agradezco sumamente a la Iglesia católica sus diferencias con mi bisabuelo. Supongo que esa tendencia a inclinarme por el contrapoder me llevó a un mundo alternativo, con otras reglas. Era el mismo que me llevaba a imaginarme como James Bond, como Batman o esclavo de Satán. Me apuesto lo que sea a que en realidad todo obedece a un brutal sentimiento de inferioridad. Supongo que la sensación morbosa que he tenido desde pequeño de pertenecer a una organización secreta se debe a que ya intuía por aquel entonces que, como una vez me definió Julián, soy una pieza que no encaja. Esta tendencia ha sido una constante en mi vida. A los quince años soñaba con pertenecer a la masonería. O trabajar en el FBI o el KGB. Supongo que hay una voluntad perversa de petar el sistema desde dentro porque ves que el sistema no te lo va a poner fácil. La conspiración como punto de inicio me parece interesante. Una banda es…

… una conspiración en contra de lo que suena.
En cierta medida es así.

¿Llegó a materializarse Satán?
Pues a veces me da la sensación de que en realidad hubo un día en el que, efectivamente, hice un pacto con el maligno. Por las cosas que me han sucedido. Parecerá una estupidez, pero tener a miles de personas cantando tus temas es de todo menos normal, y supongo que de ahí viene el síndrome del impostor, ese concepto tan usado por tantos y que no por ello es menos intenso y real. Imagino que todos los que nos dedicamos a la música moderna tenemos una formación fragmentada, poco académica y autodidacta, lo que nos hace pensar que no estamos preparados y que mucho obedece a un cúmulo de casualidades, golpes de suerte. Mira, ahora mismo me viene a la cabeza el momento en que se me ocurrió el nombre de la banda.

No iba a preguntarte por ello por no parecer reiterativo.
Sí, es necesario explicarlo. Mira, te pongo en antecedentes inmediatos. Era un momento en el cual yo ha-

bía sido bastante infeliz tocando en otras bandas. Me acuerdo perfectamente de una en la que toqué como bajista, y uno de los supuestos líderes me dijo: «A ver si puedes hacer un bajo en plan Interpol». Y dije: «Perdonad, voy a comprar tabaco. Ahora vuelvo». Y no volví.

Porque la frase es mortal, ¿no?

No me estimulaba para nada emular a Interpol o a nadie en general, bastante trabajo tienes como para que tus influencias no se apoderen de ti. Me sorprendió que aquel guitarrista me soltara esa frase, la verdad, porque en el mundo del arte las medallas de plata cotizan más bien poco. Así pues, preferí quedarme solo, y lo cierto es que me sentí francamente mal. Había tocado en muchísimas bandas con gente a la que tengo muchísimo aprecio y con quien he conservado una amistad, pero no acababa de encontrar mi lenguaje propio. Era frustrante. La vida a veces es como un laberinto: llega un punto en que ves que no era por aquí y tiras para otro lado. Es tu determinación por salir del laberinto lo que hace que sigas avanzando o te quedes en el camino, como Jack Nicholson en *El resplandor*.

¿Y qué hiciste?

Decidí meterme en mi propio laberinto solo. Me voy, me compro una caja de ritmos y voy a estar un año haciendo mi mierda. Días después, iba en moto por Barcelona y me vino el nombre de Love of Lesbian. Aquello también fue un clic, y todavía ahora no sabría decir si fue bueno o malo, porque me parece un nombre muy delirante como banda.

Del cual tu madre se avergonzaba mucho.
Sí, pero fue un clic y lo reconozco. El destino quería que fuera así.

Los nombres de las bandas merecen un capítulo aparte.
Sí. Ahora, además, en el mundo de la censura en que vivimos hay gente que se confunde. «¿Cómo puede ser que se llamen así si ni son mujeres ni son lesbianas?». Bueno, pues no es que quiera justificarme, la verdad, pero es un nombre de una banda de música. Eso significa que entra dentro de un terreno de ficción. Es decir, no somos una ONG ni un partido político. Ni los Rolling Stones son piedras rodantes, ni B-52 son unos bombarderos, ni los Beatles eran escarabajos, ni Ziggy Stardust era un alienígena en realidad, aunque a veces lo he dudado. Recuerdo que durante nuestros primeros años alguna chica que aún no había salido del armario aprovechaba nuestras camisetas para enviar mensajes a sus padres [risas]. Eso era maravilloso.

Hay muchas bandas que toman como referencia el mundo femenino: Mujeres, Carolina Durante, Antònia Font.
Sí, lo atribuyo a que el arte tiene ese componente femenino. En mi caso, agradezco haber podido indagar en mi feminidad a través de la música. Sin dudarlo, puedo asegurar que me ha completado como persona. Pero, por otro lado, es un nombre que nos ha cerrado muchísimas puertas. Incluso hay gente que no ha querido escuchar nuestra música porque no les gustaba el

nombre. Disonancia cognitiva. Hace tiempo que he preferido relativizar el problema. Ni siquiera el texto predictivo en Google funciona con nosotros. Es el *antimarketing* por excelencia, y nos sitúa en el sector de los perdedores eternos.

¿Cómo te vino el nombre?

Pues era un domingo que estaba circulando por la Diagonal. Fue justo al entrar en la plaza Francesc Macià. Y de repente escucho una voz, como si tuviera esquizofrenia. Supongo que fue la voz de Satán, porque menuda cabronada de inspiración. Al final he llegado a la conclusión de que, sin querer, inicias procesos creativos que no se acaban de cerrar de manera simultánea con tu consciencia. Los clics, o momentos de destello, inspiración, creo que surgen como de la nada, pero en realidad lo que ha pasado es que habías minimizado la ventana de dicha composición, que no cerrado. Hay una parte de tu cerebro que sigue trabajando en silencio e interactuando con tu presente. Entonces, cuando ese departamento creativo ha dado con algo que merece la pena, avisa al consciente en plan: «Ehh, ehhh, escucha esto. ¡Maximizar ventana!». No creo que sea un acto espontáneo ni que llegue de la nada, sino que la inspiración, la corazonada, esos pálpitos que tenemos a veces son como cuando un concursante de un programa televisivo aprieta el botón después de pensar un rato. El nombre de la banda, desafortunado o no, me vino así, como de sopetón. Pensé: «Joder, menudo nombre». Pero me resonó por dentro. Supongo que me pareció llamativo, ambiguo, liberador. Obviamente, no pensé que veinticinco años después seguiría tocando, y mucho menos en una banda que tuviese ese nombre.

Así pues, la ventana se maximizó.

Sí, como me ha pasado muchísimas veces, con melodías o frases. En coche, o en moto, me han venido melodías así como de la nada y, curiosamente, muchas veces en movimiento. Pero insisto, puede que haya sido motivado porque el día anterior estuve probando cosas sin llegar a ese punto de lucidez. Todo viene de fracasar, fracasar y más fracasar. Y la inspiración a veces surge de manera asincrónica, porque la idea brillante no siempre te surge en el momento. ¡Ya quisiera yo que funcionara así de departamentado!

Tu cerebro no para.

Mucho me temo que no, porque, pensándolo bien, hay una parte de mi cerebro que está trabajando siempre, y a esta energía gastada atribuyo mis constantes despistes. Digamos que, ahora que se ha puesto de moda, soy un TDA sin diagnosticar, pero, vamos, si lees las características de una persona con TDA, me están definiendo. Eso me produce una enorme dificultad para centrarme en asuntos prácticos o que no me generen placer de inmediato. Necesito placer siempre y, por esa adicción al placer en general, he necesitado notar el orgasmo de la idea, composición, cosa que me ha salvado de otro tipo de adicciones. Pero tener la cabeza en melodías, como le sucedería a un ordenador con demasiadas aplicaciones abiertas, pasa factura en una especie de empanamiento en la vida real. Mi velocidad de procesamiento es más lenta, sin lugar a dudas. He llegado a denunciar el robo de mi coche para encontrarlo una semana después en otra calle. He perdido móviles, DNI, me he olvidado de ir a bodas de gente muy próxima a mí porque vivo en otro puto planeta. Cuando tenía unos veintidós años, recuerdo que una persona recién llegada a mi vida me comentó que podría intentar buscar trabajo como controlador aéreo. Flipa.

Obviamente, desconocía todo tu historial caótico.

Claro. ¡Controlador aéreo, yo, la persona menos indicada! Un flipado que vería en los radares a dos Boeings acercándose, a punto de chocar frontalmente, y sin capacidad alguna de reacción, ya que tiene una canción en la cabeza [risas]. Controlador aéreo, piloto, cirujano… Madre mía.

Has tenido que contar con la comprensión de tu entorno inmediato.

Mi mujer, ahora que tenemos a alguien con TDA muy cerca de nosotros, siempre me dice que cierto tipo de situaciones ya las ha vivido en los treinta años que hace que nos conocemos. Volviendo al nombre de la banda, fíjate, me viene a la cabeza otro tipo de descubrimientos que haces, pero más bien simbólicos. El sueño que más me impactó en mi adolescencia fue uno que sucedía exactamente en esa plaza donde me vino a la cabeza el nombre de la banda. Recuerdo que subía a un ascensor y, de repente, tenía una especie de subidón, casi de epifanía, que no sabía definir. Y entonces el ascensor llegaba al ático, salía disparado del ático y empezaba a volar. Y era en la plaza Francesc Macià. Yo tiraba una piedra a ese edificio semicircular de la plaza y una inmensa cristalera se venía abajo, como en una escena de *Time Bandits* de Terry Gilliam.

En el mismo sitio.

Sí, y muchos años después sucede todo esto justo delante de ese puto edificio. Hay cosas que no valoramos en su importancia porque no sabemos cómo usar todo este tipo de información.

Porque somos analfabetos simbólicos.

Exacto.

Era un nombre rompedor, como aquella cristalera rompiéndose en pedazos en tu sueño. Era un nombre que incomodaba.

Sí. El caso es que el nombre era tan rompedor que me resonó por dentro.

Y, por tanto, era el mejor nombre posible.

Para mí era como una banda imaginaria. No iba a salir de ahí. Cuando los miembros de la banda nos conocimos, yo había grabado una demo de canciones en solitario en casa de un amigo, y lo titulé todo *Love of Lesbian.* Tener una banda imaginaria te da mucha libertad. Incluso pensaba en cuáles serían las características psicológicas de cada miembro del grupo. Eso es algo que a Brian Eno le encanta hacer, proponer juegos a las bandas. «Esta letra la vamos a poner del revés y ahora intenta cantarla». El caso es que no debía salir de allí, pero Joanra empezó a enviarla a concursos de maquetas con este nombre. Y a partir de ahí, nos vimos arrastrados por un nombre que es verdad que tiene mucha fuerza, y la gente nos decía: «No os he escuchado, pero os he leído». Hoy en día, mucha gente, sobre todo madres de fans, se piensan que somos un grupo punk.

Una banda imaginaria.

Sí. Y el caso es que me dije: «Haz la música que te gustaría escuchar en una radio imaginaria». Y eso es lo que he seguido haciendo hasta ahora. La cuestión es que a veces he pensado que el pacto con el diablo fue el siguiente: la banda os funcionará, pero el nombre no dejará de generar controversia.

¿Ahí fue cuando conociste al resto de Love of Lesbian, los reales?

No, ni mucho menos. Los conocía desde hacía tiempo. De hecho, Oriol, Jordi y Joanra tenían una banda, y resulta que la primera canción que hicieron era una versión de un tema mío con aquella banda que tenía por aquel entonces. Casualidades hermosas de la vida. Por otro lado, yo ya había coincidido con Oriol tocando en una banda, aunque en aquel momento yo no era el cantante. Así pues, sí, los conocía. En aquellos tiempos, me los cruzaba por el pueblo y, bueno, nos caíamos bien, aunque yo tenía otro grupo de gente. Recuerdo que, años después, los fui a ver a una sala llamada Comuniqué. Creo que fui el único que acudió como público. En esa época, Oriol parecía Animal de Los Teleñecos, venga a darle a los platos de una manera demencial, pero advertí que tenía un carisma de la hostia. Jordi lo daba todo, ni te imaginas lo comedido que se ha vuelto en los últimos años. Y a Joanra parecía que le diera apuro estar en un escenario, pero tenía una expresión graciosísima que hacía que no dejaras de mirarlo. Eran unos personajazos [risas]. Desde luego, pensé que tenían química y que me encantaría tocar con ellos.

Cosa que pasó años después.

Sí. Y coincidimos en un estudio de grabación justo después de aquel año en el que yo había decidido ir en busca de mi estilo. Banda sin cantante y cantante sin banda. Unirme a ellos fue una especie de instinto. Tocábamos fatal, pero teníamos química. Creo que en vez de llamarnos Love of Lesbian, deberíamos habernos llamado Los Químicos [risas]. Supongo que, en realidad, al caernos bien es fácil que surja algo bonito. Como Love of Lesbian era el título de mi maqueta, Joanra empezó a enviar cintas de *cassette* a todas partes con ese nombre. Ya era demasiado tarde para dar marcha atrás.

Julián entró luego.

Sí, empezó poco a poco. Primero como *backliner,* luego como guitarra acústica. Hasta que, fíjate lo desesperados que andábamos en aquellos días, éramos tan deficitarios que decidimos meterlo en la banda, así nos ahorrábamos pagarle un fijo. Creíamos que habíamos hecho una maniobra financiera brutal. Él accedió, aunque las vio venir desde un principio. Pues, bueno, creo que no le ha ido mal precisamente [risas]. En realidad hizo el negocio del siglo. Luego llegarían Ricky Falkner, Baldo y, poco tiempo después, Dani Ferrer. Nuestra última incorporación es Marc Clos a las percusiones.

Volvamos a los inicios. ¿El primer concierto con Love of Lesbian fue en el Màgic?

No, el primer concierto que hicimos fue en la sala Nirvana de Sant Feliu de Llobregat, y el del Màgic fue el segundo. El primero fue un concierto en que no podríamos haber tocado peor, y después cogimos una borrachera impresionante. Pero dijimos: «Tranquilos porque peor ya no lo podemos hacer. Esto solamente puede ir a mejor».

Hemos tocado fondo.

Pedí perdón al público.

Qué bonito.

Es como la anticarrera de un triunfito, ¿no? Ellos empiezan en una órbita muy arriba, la mayoría. Nosotros empezamos haciendo la basura más inhumana de concierto que se pueda recordar. Luego el segundo ya fue quince días después, y nos dimos mucha caña, porque nos habían seleccionado para un concurso en el cual de entrada no habíamos sido seleccionados, sino que habíamos quedado en el número 13 de 12. Pero el cantante de un grupo de Andalucía se rompió la pierna y no pudo asistir, y allí estábamos Oriol, Joanra, Jordi y servidor, a punto para sustituirlos. Así que debemos agradecer el accidente de un ser anónimo.

Siempre es así en el mundo de la música. Montserrat Caballé debuta en el Liceu porque la soprano titular estaba enferma esa noche.

¿Ah, sí?

Sí, pero es que la música está llena de historias como esa. Y muchos grupos que han grabado en un estudio mítico, que ya estaba apalabrado para grabar otro disco, han aprovechado una oportunidad cuando el grupo oficial no podía asistir a la grabación de su disco. Es un camino muy potente.

Qué fuerte. Sí, yo creo que, al fin y al cabo, es ser consciente de que tienes una oportunidad e ir a por todas. O al igual fue el diablo. También es importante saber discernir las oportunidades que te presenta la vida. Tengo que confesarte que aquel concurso nos hizo ensayar un par de horas extra a la semana. No más. Ensayar, para nosotros, era de cobardes. Cuando Julián se incorporó a la banda, venía de grupos que no paraban de ensayar. Con nosotros, directamente, no daba crédito. Cuando Dani se incorporó, tres cuartos de lo mismo. Ambos tardaron un tiempo en darse cuenta de que el resto éramos unos perros del infierno. Y la cosa no ha mejorado jamás. Algunos de nosotros tenemos alergia al ensayo. A mí me da dolor de cabeza y sudores fríos. Y no lo digo con orgullo. Pero es que no puedo. Sin embargo, en casa trabajo como un puto desgraciado. De manera obsesiva, de locos.

¿A qué se debe?
En primer lugar, odio tener que ensayar en un horario concreto. No soporto el ruido que se genera en un local. Y, sobre todo, esa obligación de tener que estar inspirado en un momento concreto de la semana. Porque puede que tú, el día que quedas con el resto, estés en el momento más agotador en la escala de tus biorritmos, o que los demás vengan con la mente más puesta en su trabajo o estudios que en el acto creativo. Sencillamente, no puedo acotar la experiencia de la composición a un horario, a un espacio físico concreto. Con esto no quiero decir que el concepto de tener un local de ensayo esté sobrevalorado. Julián no estaría de acuerdo. A él le encanta tener un espacio de banda, y se formó con ese concepto junto a otros músicos. Me sabe muy mal porque lleva muchos años resignado con los demás... De hecho, se ha quedado con el local de ensayo, pero con respecto al resto, es una batalla que ha decidido perder para ganar otras. Y ha ganado muchas, tantas que ha pasado de *backliner* a ser, como dice él, mi escudero. Pero oye, menudo escudero. Te aseguro que en ciertos aspectos, su opinión va a misa.

¿Crees que ensayar, o que la práctica de tu instrumento, está sobrevalorada?
No, en absoluto. Pero yo ya había estado en unas cinco bandas antes de Love of Lesbian, en locales de ensayo y... nada. En aquel entonces me preguntaba: «¿Cuántas bandas se han matado a ensayar y no ha pasado nunca nada?».

Pero también podría decirte que las pocas que han salido adelante tenían local de ensayo.
Correcto. Pero en aquel tiempo ya me había dado cuenta de que yo, como compositor, necesitaba otro espacio, otra línea temporal, para dar lo mejor de mí. Invertir las horas, justo al revés respecto a lo que hacían las bandas que conocía. Sabía que jamás iba a ser un gran intérprete, en referencia a la técnica requerida. Yo buscaba otra cosa: la esencia. Y pasa por tener técnica, pero sobre todas las cosas, una dedicación mucho más intensa que llegar a un local de ensayo un par de días a la semana y luego olvidarte, salir de fiesta, cenar con tu novia, estudiar para médico… No.

Pero durante los primeros discos en inglés teníais conciertos, grababais discos.
Evidentemente que hubo ensayos, antes he sido un poquitín exagerado. Pero los justos para pensar, erróneamente, que estábamos preparados para grabar un disco. Maldita sea, en esa época era flipante, porque hacíamos conciertos con muy pocas horas de vuelo. Eso nos obligaba a agudizar el ingenio. Pero, claro, esta técnica dura hasta un cierto límite. Por ejemplo, si sumo todas las horas que dedicamos a ensayar antes de telonear a The Cure, no me salen ni diez horas. No me siento orgulloso en absoluto, pero no exagero. Era una banda más dedicada a charlar, al cachondeo, al «no hay huevos para salir disfrazado de margarita gigante, o de obispo». Y los demás decían: «¿Que nooo? Ya verás». Eso era lo que nos divertía. De nuevo, en el *indie*

de aquel entonces, aquellos putos haraganes llamados Love of Lesbian que lo dejaban todo en manos de su química y que funcionaban desde el Baix Llobregat como el contrapoder dentro del contrapoder era algo muy retorcido, iluso y todos los adjetivos peyorativos que quieras añadir. Pero luego, insisto, el trabajo, al menos por mi parte y por la de Julián, era constante en otros ámbitos, así como el de Ricky Falkner, quien empezó a ser productor en *Ungravity* y ya jamás se ha bajado del barco. Ricky grababa muchos instrumentos, se convirtió en un gran arreglista en aquella época, tanto que ya desde *Maniobras de escapismo* fui capaz de llevar canciones directamente desde mi casa al estudio de grabación, sin haber pasado por el local de ensayo. Porque sabía que, con nuestra técnica de por aquel entonces, cualquier intento por abordar canciones que salían del formato más de banda estaría abocado al fracaso. Por aquel entonces, prefería que Ricky escuchara los temas y que les diéramos un par de vueltas en el estudio antes de grabarlos, a veces sin la necesidad de nadie más, acaso Baldo, quien ahora mismo es el teclista de Luz Casal y un tipo megatalentoso. Por eso siempre he pensado que *Maniobras de escapismo* es un disco casi como de dibujos animados. No dejamos que las limitaciones de la banda nos coartaran, sino que decidimos que el proceso fuera al revés. «Graba esto, un tema casi foxtrot como "Marlene, la vecina del Ártico", y después los de la banda ya espabilaremos». Así, de esta manera mitad orgánica mitad dibujos animados, pudimos evolucionar. Es decir, muchas veces escucho la cantinela de que hay que picar piedra. Estoy de acuerdo. Nadie ha llegado a nada sin picar piedra, pero hay un momento en el que debes elegir la pared. Si te pasas la vida intentando picar piedra en un muro de granito, que te lo podría traducir a tirarte siglos en un local de ensayo o haciendo conciertos sin ningún tipo de estrategia, es posible que no llegues a nada. Hay que picar piedra teniendo en cuenta tus capacidades y tus carencias. Y eso también pasa por picar piedra en busca de una personalidad lírica, o ser un poco vivo en cómo promocionas tu banda. Yo me acuerdo de que cuando salió el primer disco al mercado, llamaba por teléfono desde donde trabajaba a todas las tiendas de Fnac en España haciéndome pasar por un fan, pidiendo el disco de Love of Lesbian. Y cuando colgaba el teléfono pensaba: «Estoy rematadamente loco», pero así conseguía que alguien lo pidiera y estuviera en las estanterías. Si no, no había manera de tener visibilidad. Y que alguien se enterara de que existíamos, porque por aquel entonces aparecer en un fanzine ya era la hostia. No había internet como el de ahora. Así pues, a no ser que salieras por la radio o la tele, era imposible que tu música se diera a conocer, o viralizase.

Se trataba de luchar por lo tuyo, ¿no?

Recuerdo irme a TV3, llamar a la puerta y decir: «Quiero hablar con Bruno Sokolowicz de *Sputnik*». Y me presenté: «Hola, hemos teloneado a The Cure, aquí tienes el disco».

Acojonante. ¿Cómo llegasteis a telonear a The Cure?
Fue relativamente fácil. Nuestro mánager de por aquel entonces, Josema Rubio, se enteró de que la banda empezaba una gira europea. Ni corto ni perezoso, envió una demo de Love of Lesbian. Unos días después, Robert Smith pidió que le enviáramos un videoclip, cosa que, atacados de los nervios, procedimos a hacer. El tema se llamaba «Freakie goes to Hollywood», un título que le hizo muchísima gracia, como me dijo cuando nos conocimos en persona: *«Yes, this is why you are here!»*. En fin, nunca podremos asimilarlo al cien por cien. No nos hacía caso ni Cristo, y resulta que tu ídolo es de los primeros que te da un voto de confianza. Me escapé del trabajo, porque no me dieron esa semana de vacaciones que necesitaba para los tres conciertos. Como te puedes imaginar, los medios a nuestra disposición fueron mínimos. En aquella época, para más inri, como no existía internet, nada se viralizó. De la misma manera que los teloneamos, desaparecimos. Lo digo porque años después me ha venido mucha gente diciéndome: «Ahí estuve, os vi cuando teloneasteis a The Cure». Si cuento la gente que me lo ha dicho, no me cuadra con lo que pasó después [risas]. El anonimato absoluto de nuevo. Pero, sí, me sirvió como *leitmotiv* para llamar a la industria, como lo que te comentaba antes, el caso de Bruno, que fue superamable conmigo. Es la convicción, la fe absoluta y la desesperación, también.

«O lo hago yo o no lo hará nadie».

Exacto.

Pero parece que pienses que vuestra calidad se resentía por vuestra vagancia.

Sí, por aquel nihilismo desconcertante. En realidad, mira, hay una cosa que he visto a lo largo del tiempo: muchos chicos en aquel entonces se metían en una banda de *rock* para ser especiales delante de las chicas, pero luego la vida te va poniendo en tu lugar. Nunca olvidaré a un *heavy* que me encontraba en el tren cada mañana, con su melena y su chaqueta de cuero donde ponía AC/DC con un bordado. Un buen día, se sentó delante de mí. Se había cortado el pelo, llevaba una americana y leía una especie de cuaderno para nuevos empleados de La Caixa. Había claudicado, probablemente. O se había dado cuenta de que la música no era lo suyo, o había decidido alternar las dos vidas. Yo creo que algunos miembros de la banda, cuando estábamos empezando con Love of Lesbian, ya llevaban tiempo dudando sobre si aquel era su futuro o no. Cada miembro había pasado por unas cuantas desilusiones: representantes que te doran la píldora, discográficas que nunca contestan a tus demos. Hay una primera criba donde la mayoría de músicos que empiezan lo dejan, entre los diecisiete y los diecinueve años, diría. Luego quedan los que, como servidor, sencillamente no tenían otra salida. Pero, sí, durante aquellos tiempos pensaba, ingenuo de mí, que invirtiendo el tiempo para componer buenos temas en detrimento de ensayos más técnicos era la clave. De alguna manera, estaba exportando mi manera habitual de enfrentarme a la realidad, a mis estudios, a mis primeros trabajos. Aplicando la ley del mínimo esfuerzo. Me viene a la cabeza mi madre, quien jura y perjura que jamás me ha visto estudiar, cosa que niego con toda rotundidad, aunque luego, con el paso del tiempo, pues no tengo grabado en mi cabeza el hecho del sacrificio estudiantil. Lo que sé es que quizá estudiaba media hora, pero créeme que me parecían quince, justo al contrario que cuando me encierro a componer, donde paso seis horas y me parecen una. Ahí sí que le he dedicado horas. Creo que unos cuantos de la banda, con respecto a los estudios, eran de mi calaña. Ahora que lo pienso, nunca se lo he preguntado [risas]. Sin embargo, tengo que decirte una cosa: las bandas que funcionan y persisten en el tiempo no están formadas por un *all stars,* es decir, por la conjunción de cuatro tipos ultratalentosos. No, ni siquiera pasó con los Beatles. Pero hay algo de Ringo Starr que es insustituible. Hay aportaciones que van mucho más allá de lo musical. La lealtad. El sentido del humor. El sentimiento de un proyecto común. La amistad, en definitiva. Es muy bonito mirar al escenario y contemplar a Jordi, Oriol, Julián, quienes, sumados a Joanra durante los inicios, se comieron el marrón de tocar delante de dos personas de media en algunas giras iniciales. Y pensar, ahora que nos ven miles de personas: «Vosotros estuvisteis allí». Mi deuda es infinita, y emociona pensar estas cosas en un siglo donde la individualidad y el narcisismo crónico lo han invadido todo. Estar en una banda es un aprendizaje vital. Como líder, debes ser casi psicólogo. Pero los demás también ejercen de psicólogo contigo. Con esto quiero decir que no puedo imaginar haber llegado a este punto del camino sin las personas que han conformado la banda en el pasado y las que aún continúan. Todo fue por algo que, como siempre sucede, he intentado analizar *a posteriori.*

Es bonito y, en cierta medida, envidiable.
Volviendo al tema, a mí lo que me motivaba era componer, picar piedra de esta manera, pero eso pasa por mucho tiempo de trabajo silencioso. Luego sucedió algo. Me doy cuenta de que el problema ya no es componer. He logrado un estilo propio con los discos en inglés, eso ya lo tenía por la mano, pero me faltaba la otra pata del asunto. Escribir letras que llegaran a los demás en un idioma que entendieran y con una personalidad particular. Y eso sucedió de una forma muy curiosa.

Kilómetro 3

Maniobras de escapismo y «Esa pieza que no encaja»

El salto definitivo

Hace unos años, Julián me definió muy bien. Un buen día me dijo: «Eres esa pieza que no encaja en ningún lado». Y sí, tras los primeros minutos de *shock* intentando asimilar lo que me había dicho, pensé que así había sido mi vida desde los once años.

¿Por qué esa edad?

Imagino que por la separación de mis padres, y lo digo por la coyuntura mucho más que por el hecho en sí. Ahora mismo, lo raro es que tus padres estén juntos, pero en aquella época no. De repente, te sientes raro, casi como un proscrito. Tampoco tenía ningún hermano con el que compartir ese momento. Recuerdo que tardé meses en contárselo a mis amigos. Luego, calculo que un año después, me di cuenta de que aquella singularidad me hacía interesante a ojos de los demás. No sé cómo explicarlo, pero mi círculo de amistades del colegio empezó a mirarme primero como a un bicho raro y después con un extraño interés. Por algunos comentarios, llegué a pensar que algunos de ellos me tenían envidia. Pero sí, fue un trance más traumático a nivel social que a nivel íntimo o personal. Aquello supuso la primera nota discordante dentro de una sinfonía que hasta la fecha era más o menos armónica, porque mi infancia había sido sumamente feliz, un auténtico paraíso atemporal. Esa sensación de ser la pieza que no encaja sigue, hoy en día, muy presente. Puede que la haya enfatizado, porque al final uno se siente a gusto incluso con sus taras. Me he sentido como la pieza que no encaja en todos los trabajos que he tenido antes del mundo de la música. Los veía a todos conformes, entregados a la causa. Yo, simplemente, disimulé todo lo que pude. Me sentí como la pieza que no encaja en mi adolescencia, de manera intermitente, un cristal fragmentado. Me lo pasaba pipa en un local de ensayo mientras que los demás iban a la discoteca cada fin de semana. Cuando empecé a escuchar música «rara», como decían algunos, me sentía como la pieza que no encaja. Cuando compartía un círculo de amistades de poder adquisitivo burgués, de donde procedía, me sentía un desclasado, como si aquel entorno ya no me perteneciera. Sin embargo, cuando salía por la noche en otro grupo, digamos que de clase trabajadora, tampoco me sentía integrado. Me quedé en un punto medio extrañísimo, como si tuviera cada pie en un continente que se iba separando. Cuando en una fiesta todo el mundo se siente a gusto charlando, me integro, hago bromas, y, sin embargo, al cabo de una hora aproximadamente, me saturo y necesito silencio, recogerme. Así que soy especialista en largarme de fiestas a la francesa y quedarme a solas conmigo mismo. Con respecto a sentirme de algún lado, pues bien, con todo el debate sobre ser catalán, español, ambas cosas. Maldita sea, no me siento ni siquiera orgulloso de pertenecer a la raza humana, imagínate. Otra cosa es la cultura, mi eterna deuda con hacer música en catalán, mi lengua materna y paterna, por decirlo de alguna manera, y que un día u otro deberé solventar, pero eso no tiene nada que ver con sentirme realmente integrado en ningún grupo, etnia o como quieras llamarlo. He sido capaz de estar en una banda porque, en realidad, todos los miembros de Love of Lesbian somos algo desclasados.

¿Tienes algún momento clave, esos clics que mencionas, relacionado con el sentirte como una pieza que no encaja?

Sí. Lo escribí en el primer capítulo de *El hambre invisible.* Ese niño que está jugando en el patio del colegio, en el mes de mayo, y de repente empieza a llover a raudales. Pero te hablo de una lluvia para salir pitando. Pues bien, empecé a cantar y a bailar «Singing in the Rain», riendo, con los ojos cerrados. Bueno, pues cuando los abrí, era el único niño que no se había largado a los porches para resguardarse de la lluvia. Todos me estaban mirando como si pensaran: «Balmes se ha vuelto loco». Muchos piensan que ese capítulo se inicia con una especie de metáfora visual sobre qué significa sentirse diferente, pero es una escena real. Ah, y cuando estoy a solas, tampoco me siento especialmente «encajado», ni siquiera conmigo mismo. Ando de gira y tengo momentos de echar de menos a la familia. Estoy con la familia y echo de menos la vida de banda. En el sector de la música me siento como la pieza que no encaja. No me interesan las cifras, quién colabora con quién y cuántos *engagements* ha conseguido tal cuenta a raíz de ese *featuring.* En la vida normal, otro tanto de lo mismo. Pertenezco a un mundillo que, visto desde fuera, parece frívolo, superficial, y muchas veces lo es. No me siento del todo cómodo, exceptuando con mi círculo más cercano, mi familia, la banda y unos cuantos amigos de siempre. Pero tampoco encajo en una vida normal, con sus rutinas. Por ese motivo, es inevitable que te dé la sensación de que, simplemente, alguien, el destino si quieres, te ha puesto ahí. Es impresionante mi disociación. Hay muchos motivos para sentirme como esa pieza que no encaja.

¿Y con la banda?

Un poco menos, al ser la unión de varias fuerzas humanas, y ya se sabe que la unión siempre fortalece y esconde tus inseguridades. Pero, sí, también sucede. Cuando empezamos, la prensa musical nos hizo sentir como la pieza que no encajaba dentro de aquel *indie.* Pero lo irónico de la banda es que tampoco éramos comerciales. Hubo parte de la prensa musical que nos apoyó, mientras que otros nos despreciaron desde el minuto uno. Cuando empezó a irnos bien, el sentimiento fue incluso más agudo. Éramos unos infiltrados. Ahora que han irrumpido otros estilos, en definitiva, que existen otro tipo de *hypes,* esa sensación sigue ahí, desde el otro lado. El molde va cambiando. Ahora es un triángulo, luego un círculo, pero la pieza sigue siendo amorfa. Es complicado de explicar. Hay gente que, simplemente, no encaja. Hay que aceptarlo. Supongo que de ahí viene la chispa para elaborar una canción llamada «Maniobras de escapismo».

Noche maga, ¿adónde fuiste?
De nada sirve ir a más velocidad,
si los recuerdos te encadenan.
Y encerrado entre ti mismo,
maniobras de escapismo.
Se convierten en refugios, o salidas,
por donde escapar.

Una huida hacia adelante, porque en el presente no te sentías cómodo esperando encajar en el futuro.

Ese disco iba a ser el último.

Correcto. Y resultó que, con ese disco, que fue el primero en castellano, todo empezó, en realidad. Y fue ese disco el que curiosamente había extremado mucho más mi dicotomía entre tristeza y humor, y en el que me había dejado llevar por completo por «ese tipo que a veces me visita». Pues el resultado es que la gente empezó a cantar nuestros temas desde el primer concierto. Recuerdo que nos mirábamos entre nosotros y pensábamos que alguien había contratado a extras para hacernos una broma [risas]. Sucedió en La Capsa de El Prat, teloneando a Nacho Vegas.

Te dejaste llevar por completo y sucedió.

Sí. De hecho, había sucedido mucho tiempo antes. Me explicaré: hubo un día, en la oficina donde trabajaba, cuando el trabajo que me encomendaban ya lo hacía por pura inercia, que me sucedió algo que cambió mi vida para siempre. Abrí el Word y empecé a escribir frases sin sentido. Me fui a tomar un café y cuando volví, esas frases me llamaron mucho la atención. En una ponía «El hambre invisible». En la línea de abajo, una frase que no recuerdo. En la siguiente, «Vamos a ultimar el plan de escapismo». En vez de seguir trabajando, seguí aquellas líneas. Cuando volví a casa, encendí el ordenador y seguí escribiendo, sin parar, relatos, versos, inicios de novela... Sucedió, y esto es bastante flipante, que aquellas setecientas páginas de todo tipo contenían el germen de todo en lo que iba a trabajar durante la siguiente década. Capítulos enteros de *¿Por qué me comprasteis un walkie-talkie si era hijo único?*, las letras germinales de *Maniobras de escapismo, Cuentos chinos para niños del Japón,* algunos relatos de *La doble vida de las hadas* y el primer borrador de *El hambre invisible.* Todo en un año, mientras la banda seguía cantando en inglés. Fue el clic definitivo.

Visto con perspectiva, parece que te estuvieras preparando para el salto definitivo.
Sí, pero casi me volví loco. No sabía qué me pasaba. Simplemente, me dejaba llevar y escribía lo primero que me venía a la cabeza. Debía de estar asqueado por el presente y acojonado por el futuro. Mi vida laboral iba hacia la dirección contraria que mis sueños de adolescente, así que hubo un golpe de Estado en toda regla, una conspiración de mi inconsciente. Lo más curioso es que tardé, como tú dices, unos dos años en dar el salto definitivo, en salir del armario, por así decirlo. Tenía que ordenar aquel caos. Es como si se hubiese reventado un pantano y anduviera mirando cómo encauzar el agua. Lo primero que hice fue enviar a Carmen Balcells, la agencia literaria, un relato que había ganado un concurso meses antes, «Cazador de mofetas». Pues bien, me llamaron.

Carmen Balcells, la agencia literaria de tantísimos autores.
Sí, les encantó mi relato y me preguntaron si tenía más cosas. Aquello me pilló a contrapié. Recuerdo que acudí a una reunión en sus oficinas. Había una sala circular, repleta de fotos de aquellos grandes escritores circundándome, como Camilo José Cela, Gabriel García Márquez, Vargas Llosa, Vázquez Montalbán... Se me ocurrió ir con un abrigo de pieles para dármelas de artista [risas]. Siempre tendré en mis oraciones a Ramón Conesa y a Carina Pons. Colaboré con ellos una temporada, antes de publicar libros, con algún re-

lato; incluso pasé una temporada elaborando informes sobre novelas que enviaban escritores noveles. Siempre recordaré que recomendé a Kiko Amat, pero por lo visto la agencia llegó tarde. Creo que no saben la enorme importancia que tuvieron en mi ánimo, por aquel entonces un tanto devastado.

Te llama la agencia literaria más importante del mundo hispano y tú con una banda que sigue cantando en inglés.

Sí, ¿a que no das crédito? Pues sucedió así, tal cual te lo digo. No fue hasta *Maniobras de escapismo* que até cabos, cosa que dice muy poco, pero poquísimo, sobre mi inteligencia racional [risas]. Simplemente se trataba de seguir haciendo la música de Love of Lesbian, pero con letras que entendiera la gente. Recuerdo una conversación de tres horas con Jordi. En un principio, quería probar a cantar la mitad de temas en inglés y la otra mitad en castellano. Jordi me dijo: «No te quedes a medias». Sabio consejo.

Así pues, y recapitulando, todo fue por un clic en una oficina.

Todo. Como si me hubieran envenenado. Un impulso. Teclear, te diría que de la siguiente manera: imaginémoslo como un soldado en el muro de Berlín. Distraes al vigilante de tu consciente. Mientras el soldado mira hacia otro lado, miles de personas saltan el muro. Miles de letras, palabras, relatos, versos. Eso pasaba por elaborar una táctica de escritura automática pero rapidísima. Descubrí que, cuanto menos pasara por los filtros de la autocensura, cuanto más rápido fuera, más interesante era la frase, aunque también más ambigua, o provocadora, o directamente incómoda. A raíz de seguir esa técnica, muchísimas cosas que escribía me sorprendían hasta tal punto que podía incluso ejercer de primer lector. Otras eran auténtica basura.

En definitiva, te habías convertido en un escritor de brújula, lo opuesto a un escritor de mapas.

Sí. Necesité una década para ordenar todos aquellos escritos, darles un fin, vertebrarlos y que fueran saliendo poco a poco. Una década para ordenar aquel año de locura absoluta.

Alucinante.

Visto con el tiempo, sí. En realidad, y para acabar de ligar cabos en nuestra conversación, me ha venido a la cabeza algo que siempre he tenido claro. Nuestro inconsciente es mucho más inteligente que nuestro yo consciente. En el caso de alguien que se dedica al mundo artístico, las extrañas asociaciones que el subconsciente hace todo el rato en silencio acaban aflorando en un estribillo, en una frase. Tu obligación, por decirlo de alguna manera, es que esa pequeña llama no se apague, esa frase, esa melodía. Pues me sucedió con setecientas páginas que fueron el germen de lo que iba a ser mi personalidad lírica. Y digo setecientas porque hace poco las conté.

¿Seguías sintiéndote como la pieza que no encaja?

Correcto, pero de una manera inconsciente comprendí que aquella tara quizá era mi superpoder. Porque aquella pieza que no encaja había gestado en su interior una especie de venganza. Un ente muy particular. El Otro. Esa persona talentosa que, quizá sin saberlo, y a partir de todos aquellos disparadores, había empezado a crecer dentro de mí desde edades muy tempranas y que se manifestó sin ambages a raíz de *Maniobras de escapismo.* Y digo El Otro porque muchas, muchísimas veces, tengo un sentimiento de absoluta posesión cuando ando en un proceso creativo. Siempre he pensado que conviven en mi persona dos entes: el que se enfrenta al día a día es un tipo de lo más normal, me atrevería a decir que mediocre, pero El Otro, ay amigo, ese tipo tiene olfato. Y está chalado.

El mito del doctor Jekyll y el señor Hyde.

Pasado a un ámbito creativo, desde luego. Y me encanta que me posea. Que use mis dedos, mi voz, para hacer lo que le plazca, aunque pase por momentos de amnesia. «¿Cómo te salió esa frase?». Me sorprende contestar con un «No lo sé, apareció en mi teclado». «¿Y esa melodía?». «Pues andaba conduciendo». Es como entrar en trance.

¿Crees que esa aparición de El Otro añadió otro tipo de estilos, compositivamente hablando?

Mmm, no me atrevería a aseverar eso. Pero la canción «Marlene, la vecina del ártico», uno de los temas que de alguna manera marcaron la personalidad de lo que sería Love of Lesbian en castellano, es decir, la combinación de tragedia con humor, no puede concebirse sin la intervención alocadísima de El Otro, es decir, ese ser desacomplejado. La canción está en el disco *Maniobras de escapismo,* y veníamos de un disco muy *indie* en inglés que se llamaba *Ungravity.* Y entonces, en el momento de traslación al castellano, a mí me afloraron otro tipo de líricas que no eran precisamente ni épicas ni atmosféricas ni nada de eso. O quizá sí surgió, pero en paralelo apareció otra parte que tenía escondida dentro de mí que era la que enlazaba con la movida madrileña, con Glutamato Ye-yé, con El Último de la Fila... O, en el otro lado de los estados de ánimo, Siniestro Total, por ponerte un ejemplo.

Hostia.

Con líricas mucho más sarcásticas.

Y muy a pie de calle. Muy de anécdota cotidiana, ¿no? Muy identificable por un público.

Totalmente. Me acuerdo de que la primera canción del cambio al castellano que le enseñé a Jordi, cuando un día vino a mi casa, fue un tema llamado «Los niños del mañana», que solo son cuatro frases que dicen: «Los niños en manada, vaya hijos de puta. Los que me sobrevivan, vaya hijos de puta». Y acabé la canción, y él, que venía de *Ungravity,* siempre me ha confesado que no supo qué decir. O sea, una canción de un minuto que dice: «Los que me sobrevivan, vaya hijos de puta...». Todo viene a raíz de una anécdota que vi en un parque de dos chavales que estaban jugando con una escopeta de balines, y vino un chico mayor y dijo: «Déjamela». Los niños le dejaron la escopeta y les soltó: «Vale, ahora me vais a dar toda la pasta». Y yo lo vi y no me lo podía creer. Fue lo más delirante y absurdo que he visto en mucho tiempo. Y entonces, El Otro me invadió y algo empezó a resonar en mi cabeza: «Los niños en manada, vaya hijos de puta». Hablo de la maldad, de todo lo mezquino, que también puede ser un tema sobre el que hacer una canción. Incluso de la maldad más personal cuando pienso: «Los que me sobrevivan, vaya hijos de puta».

Es como un germen de maldad que está dentro del ser humano y se transmite de padres a hijos, generación a generación. Ese germen no muere. Está vivo y aprieta.

Exacto. Pero cuando lo escuchó Jordi, pensó: «Nos vamos a la mierda».

«Este es el final del grupo».

Sí, y en realidad fue el inicio.

Sí, el inicio de todo: una estética, una ética, una manera de entender la música y de aproximarse a la gente.

Sí, no estás todo el día defecando mármol.

No todo es arte excelso.

No, no lo es, o, al menos, mi opinión es que no debería ser así. Estas canciones, de alguna manera más prosaicas, sirven para generar un poco un relieve emocional en un disco. Y entonces, cuando viene otra canción que ya te está hablando más desde el corazón, tristeza, melancolía, o desde la rabia, cuando ese Otro decide manifestar su desazón con un «Te deslizas como si fueras de viento, y al contacto con mis dedos te desvanecieras», de «Domingo Astromántico», se produce en el disco un relieve muy interesante que a veces echo de menos en otros discos.

O sea, me hablas como de contrastes, de emociones, de sensaciones, y del lugar emocional desde donde escribes las canciones. Es decir, escribo desde el corazón, escribo desde la rabia, escribo desde la pura intelectualidad, escribo desde la ironía, desde muchos sitios, ¿no?

Claro. Hay que ir cambiando de atalaya o bajar al suelo y ver las cosas a ras de suelo. A mí me gustan mucho todas las canciones en las que imaginas que estás como sobrevolando la ciudad a cincuenta metros a vista de helicóptero, esas son las que en realidad todo el mundo aspira a hacer. «Hurt», versión Johnny Cash, «The Unforgettable Fire» de U2, esos temas son los que al final vas a acabar escuchando toda tu puñetera vida porque sabes que siempre te tocan ahí, en la patata. Pero si te pasas todo el disco incidiendo en la patata, a mí me da la sensación de que hay una cierta soberbia emocional.

Soberbia emocional me gusta como concepto.

A mí me repatea el estómago.

Es como «yo soy Dios, y vosotros que escucháis sois unos putos mortales mediocres».

Sí, y os obligo a estar todo el rato en un estado reclinatorio o alicaído. Incluso Robert Smith, rey absoluto de la desolación, ha sido capaz de sacar canciones tan geniales y luminosas como «Just Like Heaven». Y ahí es cuando demuestras versatilidad y, por añadidura, humanidad. Mira, siempre he pensado que el pop se nutre tanto de la cultura más clásica, o incluso excelsa, como de los programas más basura de tu época. En ese punto medio se encuentra el pop, ya que bebe de ambos extremos. Y, por eso, tiene la capacidad potencial de unir en una canción a un idiota y a un genio [risas]. Y se trata de descubrirte a través de canciones que jamás habrías imaginado que podrían surgir de tu interior. En el aspecto más *freak,* vuelvo a «Marlene, la vecina del ártico», que es casi como salir del armario, en referencia a tu parte loca. Años antes lo habría escondido, pero, a partir de conocer cuál era mi estilo lírico, caracterizado durante esos discos por combinar la tragedia y la comedia, como esas dos máscaras que simbolizan el teatro, me llevó a pensar que, en primer lugar, tenía que sacar a la luz esa locura, y en segundo lugar, hacerlo completamente convencido. Hay un factor muy claro que creo que la experiencia me ha hecho aprender no solo analizando a Love of Lesbian, sino también a mucha gente. Y es que cuando lees la letra de «Marlene, la vecina del ártico», que era una fumada absoluta de un tío que va a casa de su vecina, una ucraniana esquizofrénica con instintos asesinos, habla de la soledad. Porque, claro, la canción empieza con una frase que ya te sitúa en un punto muy circense: «Se instaló en el ático hace un mes, creí que hablaba del revés, pero Marlene era de Ucrania». Era una cosa muy friki que no pretendía emocionar. Era: «Señores, honestamente, voy fumado y me ha salido esto, y si consigues reírte como yo, estamos en la misma sintonía». Y se la envié a Ricky. Pero en realidad hablaba de la soledad.

¿Y qué te dijo él?

«Tío, es de lo mejor que has hecho». Y acabas pensando algo muy claro: que lo más importante es el convencimiento, la actitud, cómo lo cantas e interpretas.

Por tanto, es desde dónde lo haces. No el producto final, no el resultado final, no dónde he llegado, sino cómo he salido en el kilómetro cero, si he andado a la pata coja, si he ido corriendo. O sea, es el cómo afronto el camino. Ando rápido, me entretengo mirando las florecitas del camino, miro al cielo, ando mirándome los pies, ¿cómo camino?

Correcto. Recuerdo que la canté en el estudio tan fumado que todos los presentes, Santos, Fluren, desaparecieron al otro lado de la cabina. Se habían caído de la silla de tanto reírse. Ahora me vienen a la cabeza aquellas personas a las que siempre has visto envueltas en un halo de elegancia. Pues al final, dicha elegancia se basa mucho en el convencimiento, más que en la prenda. Ves a gente que puede ir vestida con unos modelos imposibles, y depende de lo que sea te lo lleva con un aplomo que dices: «Es elegante». Cuando Bowie decidió vestirse de manera andrógina, lo hizo desde el absoluto convencimiento. El aplomo.

Tú puedes ser un puto secundario con una dignidad como si interpretaras a un superprotagonista de Hollywood. Un día, un escritor que acababa de

empezar le dijo a Camilo José Cela, premio Nobel: «Don Camilo, hace tiempo que estoy buscando un buen tema para una novela y no lo encuentro». Y Cela le dijo: «No, es que esto no va de un buen tema para la novela. Esto va de cómo haces la novela». O sea, yo puedo hablar del vuelo de una mosca, puedo hacer una novela de 580 páginas sobre el vuelo de una mosca, y ser la mejor novela del mundo. Y el vuelo de una mosca en sí no es ningún gran tema.
Hay un capítulo de *Breaking Bad* que es el vuelo de una mosca. Es uno de los capítulos clave de toda la serie. Los norteamericanos son especialistas en el convencimiento.

Sí. Están muy seguros de lo que hacen. Pisan fuerte. «Voy a salir a escena y vais a ver cosas raras, pero yo lo tengo tan claro que os lo vais a tragar».
Exacto. Esto a nosotros no nos pasaba. Piensa que en la época del inglés éramos un grupo muy acomplejado, y el cambio de chip fue brutal. De pronto, se van haciendo canciones en castellano con letras que rompían los esquemas, nos disfrazábamos de curas, de zulúes, lo que fuera. La gente empezó a ir a los bolos diciendo: «¡Están locos!».

Y se corrió la voz.
Del mismo modo que cuando nuestros colegas, los Sidonie, salían al escenario con tomates gigantes en la cabeza. Éramos locos convencidos. Es una época a la que tengo mucho cariño, porque allí se fraguan unas nuevas intenciones. Recuerdo que cuando Love of Les-

bian empezó a explorar su faceta más circense, había gente del público, en su mayoría procedente del *indie* originario, que se quedaba de pasta de boniato, cuando no avergonzada, de lo que estaba viendo. «¡Dios, estos tipos se han vestido de guisantes estelares!». ¡Han enseñado el culo en el Palau de la Música! ¡Están haciendo una conga disfrazados de zulúes! Las gafas de pasta negra reventaban en las plateas. De nuevo, la pieza que no encaja generando una anomalía en el monopolio de la escena *indie* de aquella época. Eso nos daba miedo a no ser valorados, pero, a su vez, nos la ponía dura. Porque, en realidad, lo último que queríamos ser era una banda de huraños, los cuales parecía que te amonestaran cuando un concierto adquiría tintes lúdicos o delirantes. En cada concierto perdíamos a unos cinco *indies,* digamos que de la antigua escuela, pero a la vez nos dimos cuenta de que ganábamos a quince personas que quizá en esa época se sentían huérfanas, esa parte del público que, sinceramente, estaba hasta el coño de tanta tristeza crónica. Hubo una parte de la prensa de aquel entonces que nos apoyó y otra que nos toleró. Otra nos detestó, sin ambages.

Esa necesidad de romper los esquemas disfrazándoos, ¿a qué se debía?

Te lo diré: estábamos acomplejados. Nos daba la sensación de que no éramos una banda que sonara lo suficientemente bien en comparación con nuestros discos. Entonces hicimos de nuestro defecto una virtud. Eso sucedió hasta con el disco *1999,* en concreto con «Algunas plantas». No éramos capaces de tocarla en directo. Estábamos sumamente avergonzados en el local de ensayo. Los detalles se perdían, las bases electrónicas brillaban por su ausencia. Un día vi en vídeo unas actuaciones de un festival llamado FEA Festival, y en el local de ensayo les dije a los demás: «Si no somos capaces de tocar "Algunas plantas", al menos bailémosla». Julián, que por aquel entonces era profesor de primaria, vino al siguiente ensayo con unos movimientos que había creado para sus alumnos de diez años. Porque tampoco teníamos ni zorra de bailar, así que todo tenía que ser altamente ridículo y fácil. Cuando hicimos aquella coreografía delante de un festival con miles de personas delante de nuestras narices, la gente se volvió loca. No sabíamos que la reacción de la mayoría de la gente fue: «Mira qué hijos de puta. Hacen discos muy buenos, pero también son capaces de reírse de sí mismos». Pues bien, ríete de mí o ríete conmigo. Claro que sí. Aunque, sinceramente, en ese momento yo pensaba que aquella coreografía estaba a la altura de los bailarines de Michael Jackson, tal era nuestra absoluta negación para el baile. Ahora, y visto con el tiempo, aquella coreografía era más cercana a la que hizo el Tricicle con «Soy un truhan, soy un señor». Lo que quiero decir es que aquello podía haber provocado en ti un pensamiento semejante a «Dios, toda la vida soñando con ser una *rock 'n' roll star* y mira cómo nos vemos», o «Estáis presentando el disco más triste y definitivo de vuestra carrera y a medio concierto os hartáis de tanta melancolía, os vestís de astronauta o de pepino y lo mandáis todo a la mierda». Pues no, resulta que llevábamos a un *clown* dentro de nosotros que, simplemente, afloró. Y por añadidura, el lunes por la mañana, cuando la gente llegaba a sus trabajos o a su aula, hablaban a sus compañeros de aquel grupo de chalados de Barcelona que habían visto el fin de semana. Y nosotros, ojo, también volvíamos a nuestros trabajos y nos daba la sensación de que éramos Sting en *Quadrophenia,* quien es un personaje de la noche y luego, por la mañana, trabaja de botones en un hotel. Pero los aforos fueron doblándose. Y triplicándose.

Debió de ser una época muy divertida.

Recuerdo una vez que tuvimos la estúpida idea de vestirnos de hombres del espacio. Pillamos unos monos brillantes y pensamos que estaría bien tocar un tema con un casco de motorista. A media canción, vimos que el cristal se había empañado, que no escuchábamos nada y que estábamos a punto de palmar asfixiados [risas]. En fin, lo verdaderamente importante es que de nuestros complejos musicales surgió algo que hemos intentado no dejar de lado: la teatralidad, desde distintos ángulos. ¿Sabes qué es lo más curioso?

¿Sobre esa época?

Siempre se ha dicho que los catalanes somos una combinación entre «seny» ('raciocinio') y «rauxa» ('algarabía'). Pues bien, estábamos extremando precisamente nuestra catalanidad sin saberlo. Pasar de un «Domingo astromántico» a «Me amo» y no sucumbir en el intento. Esa combinación es muy catalana. Y por eso funcionó, porque no era impostada. Nosotros somos esto, bebemos de la autoconsciencia local, de La Fura dels Baus, de Els Comediants... Pensándolo bien, Love of Lesbian es un grupo muy catalán. *El seny i la rauxa,* terriblemente catalán, a veces muy introvertido, otras veces grosero. Catalunya, como bien sabes, es una tierra que jamás ha tenido un grupo elevado de familias con títulos nobiliarios, o militares o parte del clero más rancio. Siempre hemos estado al margen del poder real, somos contrapoder en esencia, molesto y necesario a la vez.

La locura y la racionalidad.

Sí, pero siempre desde el convencimiento. Ninguna obra artística ha podido transmitir a partir de una interpretación acomplejada de sus autores. Si dices que sí a una idea, por loca que sea, hay que ir a por todas.

Los acomplejados nunca han hecho nada interesante ni, sobre todo, nada socialmente aceptado.

Exacto. Y ahora, cuando veo a las bandas que empiezan y les veo las costuras, en el sentido de que no se lo están creyendo, pienso en la impostura.

Están imitando a alguien, están jugando a algo, están haciendo algo que no es auténtico. Y no ser auténtico es no creérselo. Es estar incómodo contigo mismo.

No ser auténtico pasa factura. En un momento dado, puedes tener un instante de pequeño *hype* porque eres una banda que está sonando a lo que suena esa década, pero es pan para hoy y mierda para mañana. Al final terminas trabajando en otro sitio porque, sencillamente, no mostraste autenticidad. Y con el mundo de la política, o las dictaduras, ya ni te cuento. Mira, hay un momento en un discurso de Hitler en que hace un gesto con la mano... Me sabe mal porque hay una teoría, la Ley de Godwin, que dice que cuando salen los nazis en un tema de conversación, significa que la conversación ya ha llegado al punto cero de interés [risas], pero, créeme, viene a cuento. El cabrón está hablando a sus miles de acólitos y, en un momento particular, muy estudiado en el tiempo del discurso, hace un gesto que se nota que tiene ensayado. Cuando lo hace, se produce una hecatombe en ese pabellón donde estaban todos los nazis. Y automáticamente la reacción de su cara es como: «Tomo nota, menuda ovación. La *performance* ha funcionado. Si hago este movimiento con el brazo, pasa esto. Volveré a hacerlo». Me fascinó ese momento, porque entonces adquieres conciencia de lo peligroso que puede ser estar en un púlpito con mucha gente delante. En el mundo de la política, ese convencimiento de un líder, traducido a una gran capacidad de seducción, puede ser moralmente peligroso, de consecuencias imprevisibles, apocalípticas. En el mundo de la música, sin embargo, cuanto más vas a extremos, cuanto más te diferencias, mejor. Aunque debo decirte que hay una gran diferencia en el mundo anglosajón con respecto al ibérico, a ver si me explico. Nos encanta que Bowie sea inglés. Aceptamos que hubiera sido todo lo extremo que fue. Podemos idolatrar a un tipo como Bowie porque nos viene de afuera. Sin embargo, si Bowie se hubiera llamado Venustiano López, más de una decena de cuñados habrían dicho: «Menudo mariconazo, ¿de qué va este payaso con esas pintas?». No tengo ninguna duda. O imagínate a Dalí ahora mismo, en tiempos de Twitter. Dios, los *haters* habrían disfrutado de lo lindo. En cambio, los artistas locales que gustan en nuestro país son gente cuya apariencia nos parece cercana. He oído muchas veces: «Me encanta Estopa porque podrían ser mis vecinos». A mí me caen genial los Estopa, son muy muy divertidos, y celebro cuando me los encuentro en un aeropuerto, porque son risas aseguradas. Y coincido con esa visión nacional de la cercanía, a mí también me pasa. Pero me da cierta rabia que a un artista español se lo considere un «notas» en el momento en el que sale un poco del redil de la cercanía. Hay algo terriblemente católico en esa diferenciación entre el artista patrio y el extranjero. Si eres de aquí, debes mantener el perfil bajo, y si no lo haces, prepárate. Nosotros optamos por algo un poco suicida en aquellos tiempos de *indie* malhumorado y tan influenciado por el *shoegaze*. Reírnos de nosotros mismos, tirarnos tomates en la cara, como en «Marlene». Y decidimos hacerlo jodidamente convencidos. Sencillamente, a través de la autoparodia, anulamos a los posibles críticos. Es como aquel que sabe que el fin del mundo se acerca y ya le da igual absolutamente todo, un juego que, en el caso de aceptarlo, es un auténtico pacto con el diablo. Y, claro está, tienes inseguridades a la hora de hacer canciones que se salen de la norma. Pero, al final, la experiencia te demuestra que si te sitúas en la zona de peligro, vas por el buen camino. Y lo cierto es que aquella obra artística que al creador le parece muy extrema, en el fondo no lo es tanto. Tenemos demasiado miedo a lo que piense la gente, y la gente, en realidad, quiere que le rompas los esquemas, aunque muchas veces ni siquiera lo saben.

Si eres muy consciente de cada gesto, pierdes la mirada del niño que descubre cosas nuevas continuamente. Con ojos nuevos. Tienes que luchar contra tu hiperseguridad.

Sí.

Tienes que autoimponerte pequeños ejercicios de fragilidad, pequeños ejercicios de relativismo.

De ponerte en peligro.

De salir de la zona de confort, porque la autoconsciencia y el hipercontrol es zona de confort, también. Dejar de estar tan cómodo, ponerte en cuestión a ti mismo, autocrítica, pensamiento crítico contigo mismo y más fragilidad.

Provocar la fragilidad. Bowie decía que cuando sientas que el agua te cubre, es cuando estás nadando en territorios creativos interesantes. Y es muy cierto.

Eres fuerte, pero tienes que volver a sentir estados de fragilidad.

Sí, aunque sean inducidos.

Serrat hace esto.

¿Ah, sí?

Serrat tiene una seguridad infinita no, lo siguiente.

Claro hombre. ¡Apabullante!

Pero a nivel escénico, a nivel público, a nivel de actitud, su actitud es de fragilidad y de humildad autoimpuesta. Curradísima, ¿eh? Porque si tú eres Dios, no puedes salir al escenario así. Porque das pena. O sea, a pesar de reconocerte que eres Dios, en el fondo produces una sensación de rechazo.

Absoluto.

Entonces, si tú eres Dios, tienes que entrar en el escenario mirando al suelo, dando las gracias, sorprendiéndote del éxito. Lo que no puede ser es que tu éxito infinito durante cincuenta y dos años ya no te sorprenda.

Es que tienes que seguir pensando que es un milagro todo lo que te pasa.

Exacto. Ese es el punto. El milagro. Y que quizá mañana, como no es automático, ya no aplauden tanto. Y quizá mañana viene la mitad de público. Y quizá mañana alguien te hace una crítica demoledora y va y tiene razón.

A mí siempre me ha dado la sensación de que la carrera de las bandas es empezar, que haya una minoría que te impulse, llegar a la madurez o al éxito total, que es cuando ya eres reconocido por una mayoría, y al cabo de diez años empiezas a ser rechazado, negado como san Pedro a Jesús [risas]. Matar al padre, como se dice.

Totalmente, historia bíblica clásica.

Y después tienen que pasar como diez años, y pasado ese tiempo te reivindican. Y cuando vuelves, ese estadio de seguridad es el más maravilloso. Decir: «Mira, ya he dado la vuelta, *e la nave va,* y la gente joven te ha reivindicado, etcétera». Lo que sí hay es un momento de ruptura de estilo en el que la peña te niega. Pasó con el *rock* sinfónico. De repente, Genesis no molaba, todas las bandas de *rock* sinfónico no molaban... Porque es verdad, se les fue la olla con virtuosismos.

Sí, se pasaron catorce pueblos.

Y por eso vino el punk. Como contestación a ese virtuosismo tan vacuo. Pero después, cuando lo ves con la frialdad de unas décadas más tarde, coño, te pones un disco de Genesis de aquella época y dices: «Me cago en la puta, ¡qué discazo hicieron los cabrones!». A un chaval del 79 en Londres no le podías decir: «Genesis molan» porque te habría respondido: «¡Eso es basura!». Luego, al cabo del tiempo, analizas ambos bandos y ves que tanto Genesis como los Sex Pistols llevaron su propuesta a máximos. Otra vez el convencimiento. En mi caso, hay que darle vida a ese tipo que canta cosas terriblemente emotivas como «2009» o «La noche eterna», o extrañas como «Houston, tenemos un poema». Y eso pasa por hacerlo con convencimiento. ¿Hay que ser payaso? Pues venga.

¿Alocado? ¿Sentimental? ¿Sutil? Pues adelante. No hay nada peor que intentarlo a medias. En eso los americanos nos llevan muchísima ventaja. Van a por ello y a por todas. Viene un tipo llamado George Lucas y cuenta a un productor que quiere hacer una película donde habrá un perro llamado Chewbacca que andará a dos patas por el espacio estelar vestido únicamente con una ametralladora y, de una sorprendente manera, el proyecto se aprueba. Luego los actores lo hacen con total convencimiento. Y no solamente los actores, sino los técnicos en efectos especiales, maquilladoras, en fin, un ejército de personas ultramotivadas con un argumento que, si lo analizas desde tu mundo adulto, en fin... Los americanos son especialistas en colarnos material que *a priori* es basura, y acabas claudicando. ¿Un tipo anda por el techo de un tren a alta velocidad burlando todas las leyes de la física? Te puedes reír, pero, al final, la escena está rodada de una manera tan impresionante que acabas aplaudiendo con las orejas. Esto sucede debido a su fe, supongo que porque, como nación, si los comparamos con los países europeos, son unos adolescentes.

Al final, el público también tiene que poner de su parte.

Claro. El convencimiento acaba contagiándose. Es como cuando estás viendo al Mago Pop. Sabes que te está tomando el pelo, pero has ido con la intención de creerte que ese puto cabronazo vuela [risas].

El convencimiento es cosa de dos, como con el buen sexo.
Eso mismo. Si una canción, libro, obra de teatro, no lo vas a desarrollar e interpretar desde la fe más absoluta, aunque dicha fe pase por un proceso de autoengaño, no lo hagas. Lo peor en la vida es quedarse a medias, aunque en el arte todo queda más patente. Explorar otro tipo de registros es un placer. Pero eso pasa por vencer barreras de represión. Puedes llegar a vencerlas a través de terapias en grupo, por ejemplo. O estás en tu derecho de ser un mero espectador del delirio de otro, claro está, y de no salir nunca de tu equilibrio.

¿Crees que las redes contribuyen a un estado creativo ideal? Me refiero a que tienes contacto, casi de manera inmediata, con cada paso creativo que das.
No. De hecho, las redes han empezado a socavar los cimientos de la fe en tu propia obra, o ese convencimiento. El daño que está haciendo la autocensura al hacerte dudar, y, lo que es peor, a darte miedo a dar según qué pasos. El pánico a la crítica, a los *haters*, a la reacción visceral de un sector, a ser boicoteado, etcétera. Ese miedo interfiere en la creación desde su raíz. Es terrible lo que está sucediendo ahora mismo. Jamás he entendido el concepto de que una obra deba ser moralizante porque, en realidad, no es lo que estás contando, sino cómo lo estás contando. ¡La forma! Puedes escribir un libro asqueroso sobre pederastia o

crear *Lolita,* una obra maestra. Dependerá del buen hacer de su creador. Ahora mismo, sería impensable publicar *Lolita.* Nadie tendría coraje, ninguna editorial. Pero aún hay más. Probablemente muchos escritores tendrían la idea en la cabeza y se autocensurarían. Y los que censuran, lamentablemente, no tienen idea alguna sobre cómo funciona la creación.

***Lolita* perdurará.**

Por cierto, ahora me venía a la cabeza que todas las bandas que han perdurado, exceptuando al mutante de Bowie, siempre han intentado mantenerse fieles a una manera de hacer las cosas muy determinada. Lo comparo con ser una especie de *dealer* [risas]. Tú estás vendiendo marihuana en una década donde hay una generación que realmente la consume y está muy a favor. Pero, de pronto, pasa el tiempo, y en la otra esquina hay alguien que vende un éxtasis o un MDMA y se pone de moda. Y ves que cada vez tienes menos clientela. Tienes la opción de ir al del MDMA y decirle: «Partamos el negocio. Dame algo de MDMA» (mal asunto), o mantenerte en la esquina, quizá vender menos, pero quien quiera marihuana, que siempre habrá gente, irá a tu esquina y quizá al final se cansan del MDMA y vuelven a la marihuana. Y allí estás tú.

Al final es ser consecuente y ser fiel a ti mismo.

Es no perder el culo por las modas, porque ir detrás de las modas implica que siempre vas a llegar tarde. Volviendo a Bowie, es una excepción, porque la mayoría de veces fue él quien se adelantó a las modas durante gran parte de su carrera. Entendámonos, todo lo que sea integrar en tu estilo creativo otro tipo de sonidos, estructuras, de una manera auténtica y convencida, pues bien. Pero adaptarte para sonar actual, de una manera racional, es caballo perdedor. Ayer cenábamos con el grupo y hablábamos del reguetón.

Que se está metiendo por todas partes. Es como si fuera imprescindible.

Yo he hecho alguna colaboración en territorios trap, que para mí es mejor y es más interesante. Pero no quiero caer en la trampa de decir que el reguetón *per se* es malo.

Se puede hacer bien, se puede dignificar el reguetón.

Llegará un genio de esta generación, le añadirá un componente misterioso, y dirás: «¡Hostia!».

Bueno, ¿Rosalía no hace un toque de esto?

Sí.

Coquetea con muchos palos. Y coquetea con el palo del reguetón también.

Es una chica muy inteligente. La estamos mirando todos desde el asfalto y ella está ya en la estratosfera. Pero, por ejemplo, el disco de *El mal querer* lo hizo desde un absoluto convencimiento, más basado en el instinto que en una prueba real de que aquello fuera a funcionar. Funcionó, creo, porque lo hizo desde la fe en lo que hacía, la ilusión, esa sensación que no puedes verbalizar. Con las inseguridades naturales, claro, que seguro que las tuvo. Mira, al final te cambio convencimiento por fe. O, mejor dicho, primero empiezas con fe, y acababas defendiéndola a través del convencimiento [risas].

Kilómetro 4

«Carta a todas tus catástrofes»

Apostarlo todo al siete rojo

Esta canción, «Carta a todas tus catástrofes», ¿cuándo la hiciste? ¿Qué significa? ¿De qué habla? ¿Cuál es el tema principal?
Me he dado cuenta de algo a lo largo del tiempo: hay canciones que funcionan a raíz de un pretexto. Este pretexto puede ser otra persona, pero luego te das cuenta de que en realidad tenías la necesidad de componer una canción de amor y que esa persona ha sido el vehículo, la excusa para hacerla. En el fondo, y aunque suene un poco retorcido, un compositor necesita excusas, autoengaños incluso, en forma de musas. En el fondo, a través de la creación, y sin darnos cuenta, creamos estados anímicos inducidos. A veces pensabas que esa canción era una ventana, y resulta que era un espejo.

Muy chulo. Una presunta ventana que es un espejo.
Sí. Me senté al piano y empecé a aporrear lo que sería el *leitmotiv* de «Carta a todas tus catástrofes». Y estaba

en un momento de transición, de crisálida, en el que estás cambiando de idioma y te encuentras con muchísimas inseguridades.

De gusano que se transforma en mariposa.

Sí. Estás dentro de la crisálida, pero empiezas a tener unos movimientos como de romper, y romper en ese caso pasaba por definirte a ti mismo como autor con una voz propia, y eso con el inglés no se estaba dando. Estaba todo, pero la letra permanecía digamos que escondida dentro de un vehículo que era el inglés.

Que era más sonoridad que ideas…

Sí, y aun así intentaba ser coherente conmigo mismo y hacer unas letras que tuvieran un sentido para mí y que no fueran meras repeticiones de fonemas que quedaban bien. Porque ya se sabe que *Sunday* y *baby* y *on the night* siempre quedan bien. Pero «zapato»… ya es otro asunto grave [risas]. Y eso me pasó en un Primavera Sound, en 2004: la percepción de que había algo absurdo en todo lo que estábamos haciendo. Primero, yo llevaba unas novecientas o mil páginas escritas en mi ordenador y, como ya he mencionado, de hecho había escrito relatos y los había enviado a la agencia literaria Carmen Balcells y me habían llamado, con lo cual era absurdo que siguiera vehiculando a través del inglés la carrera de Love of Lesbian cuando incluso gente que entendía, como los de la agencia literaria, se habían dado cuenta de que tenía algo a la hora de escribir. Simplemente me faltaba pulirlo. Entonces el paso al castellano fue algo lógico, aunque en realidad iba a ser el último disco. Como banda, estábamos muy quemados de ser un minifenómeno de prensa *indie* y radios alternativas, pero sin que pasara nada más a nivel de público. No existía ni internet ni nada, por lo que eres un fenómeno de fanzines, de radios. Mejor canción del año. Sí, ya, pero voy a Toledo y nos vienen cinco personas. ¿Qué está pasando aquí? Había una diferencia muy grande entre lo que era la movida fanzinera y lo que realmente petaba en todas partes, apoyado por las radios y televisiones generalistas. El cambio al castellano fue casi como un todo al siete rojo. Lo hacemos, y a partir de aquí pues organizamos unos cuantos conciertos y nos vamos, pero como mínimo nos despedimos con un disco que representaba una salida del armario como personas. Este eres tú con tus defectos, con tu todo. Y «Carta a todas tus catástrofes» fue el primer tema que me salió.

Te sientas al piano a aporrearlo, ¿qué te salió?
La parte de abajo del piano. Torirora... Grave. Y toda la parte del principio: «Vamos a localizar el núcleo del error». A partir de ahí me pasó una cosa muy curiosa, y es que el estribillo me salió mirando una foto de Manolo García. No entiendo qué pasó ahí.

¿Una foto?
Sí, una foto de Manolo García en la cual tenía la mirada muy transparente, muy limpia, y fue como si tuviera una visión extraña, casi de santoral. Casi vi como si Manolo me diera su aprobación y me dijera: *«Yes, go on»,* pero con acento de Manolo [risas].

Como si Manolo te dijera: «Santi, escribe en castellano».

Una cosa muy bestia. A mí me ha pasado mucho, componer a través de mirar fotos, algo así como una sinestesia muy extraña. No la tengo con olores ni con nada, sino con imágenes de miradas de personas. Es casi como si les robara algo. Las miradas, un universo cada una de ellas. Me fascinan.

Una mirada te conecta a un alma, un sentimiento, un pensamiento, y te metes en un mundo a través de una mirada.

Sí, es hacer de ladrón de almas en un momento dado.

Vivir de experiencias de otros...

Exacto.

Entrar en vidas de otros para retroalimentar la tuya.

Sí, y hay algo que ha impregnado de una forma u otra. Es muy curioso. Los africanos tienen parte de razón cuando dicen...

... que no quieren que les hagan fotos.

Sí, porque hay algo que se queda allí. Es un momento, evidentemente, la persona continúa con su vida y no le estás quitando el alma, pero sí está compartiendo algo que, si eres un ávido observador, puede traducirse en una emoción o en palabras, pasado naturalmente por tu percepción personal. Y a partir de ahí lo vinculé a cuando me salió la frase. Me acuerdo muy bien: estaba mirando la foto de Manolo y me salió: «Vamos a localizar el núcleo del error para estudiar su forma exacta y su composición. Vamos a saber su origen y su relación, con la suma de las partes y su imperfección». Y hay una parte del estribillo que dice: «Vamos a localizarte, es fundamental. Vamos a acortar distancias y observar el mal. Cuenta a todos que lo sabes cuando incendias sin querer, sabes que alguien más se rompe, sabes que todo lo rompes. Vamos a localizarte. Vamos a localizarte».

¿En qué pensaste?

Esto me salió pensando en una persona que era compañera nuestra en Psicología. Montamos un pequeño grupo de amigos un poco desclasados, *freaks, nerds.* Con uno de ellos había compartido clase desde parvulitos en la Mercè, en la calle Provença, mi primer colegio, que en aquella época se llamaba La Merced. Y con Ramiro volví a coincidir en Psicología. Sigue siendo un amigo. Y ahí conocimos a una chica que había tenido ciertos problemas con las drogas. Junto a Juan, montamos un grupo muy marginal, muy de no ir a clase, lamentablemente, de fumar porros hasta que no hubiera un mañana, de jugar a las cartas en casa de ella, todo a un nivel muy puro de amistad, muy bonito. Tardes en el apartamento de X donde descubrí el *Document* de REM, ultrafumados mientras jugábamos a las cartas unos cuantos, en medio de una niebla densa de hachís. Si te cito *Document* es porque de repente escuché un par de temas que, enlazados, definían perfectamente lo que era mi personalidad por aquel entonces. Porque tenía dieciocho años y, maldita sea, sonó «It's the End of the World as We Know It (And I Feel Fine)» y pensé: «Maldita sea, es eso, me da igual que explote el mundo, es más, me encantaría». Y después, justo después, suena «The One I Love», una de las mejores canciones de amor que recuerdo haber escuchado. Estás jugando a las cartas fumado y, de repente, entiendes que una simple palabra, bien puesta, puede decir tantísimas cosas. Cuando Michael Stipe dice: «This one goes out to the one I love. FIRE», sabes perfectamente qué significa ese *fire.* Lo sintetiza todo. También, si lo piensas, ves de manera muy prístina que ese *fire* no tendría la misma fuerza si lo hubieras leído en un poema escrito. Pero si cantas *fire* en medio de esa guitarra y esos coros, la magnitud de la deflagración es simplemente extraordinaria. Es un fuego que lo abarca todo, justo como uno se siente con dieciocho años. Esa canción es sencilla, pero extraordinaria, y el resumen de la fuerza que tiene una palabra cuando es cantada.

Época de descubrimientos.

Sí, el siglo de las luces de cada uno [risas]. Y, por otro lado, existe ese momento en el que, de golpe, te das cuenta de que te estás convirtiendo en adulto, y que empiezas a ser tú quien debe gestionar tus éxitos y tus fracasos; en definitiva, empiezas a disfrutar de una cierta autonomía, con todo el riesgo que conlleva. Y, como es el primer momento en el que dejas de estar tutelado, tu reacción es la de un perro que sale después de quince días sin salir a pasear y que se estrella contra la puerta.

Qué bonita esa imagen.
Sí, esa sensación un poco fallida de pensar que ya eres mayor y no lo eres. Y todo lo que te daba miedo de entrar en el mundo, digamos, de las drogas blandas... Porque, obviamente, cuando yo tenía trece años y escuchaba que se fumaban porros, me quedaba muy escandalizado. Y, de repente, encontrarte con que esto te gusta, te lleva a otro tipo de receptividad. Y no verlo como un problema, sino como una epifanía creativa. Ese momento fue muy bonito en mi vida, a pesar de que mi entorno familiar estaba viviendo un momento complicado, decadente, mejor dicho. Fue un momento en que mi familia estaba pasando por un bache económico importante, que fue mal gestionado al venir de unas décadas de opulencia, y, por el otro lado, en la universidad me evadía en vez de estudiar. Quizá porque enseguida, creo recordar que en la primera clase de estadística, me di cuenta de dos cosas: la primera, parecía que la mayoría de los alumnos habían optado por estudiar Psicología para entenderse a sí mismos, y la segunda, que al siguiente año me iría de allí, exactamente como hice. Así pues, aquel año fue para mí una especie de año sabático camuflado. Sabía que al siguiente ingresaría en el mundo adulto, así que me dediqué a disfrutarlo como una especie de despedida de soltero.

No querías, digamos, seguir con el cuento del estudiante.
Supongo que tuve un ataque de sensatez. No podía ser tan caradura y estar cinco años viviendo a costa de mi familia.

Viviendo del cuento…

Sí. También he de decir que mi primera opción seguía siendo la música. No sé si he mencionado que siempre me he sentido como el tipo que se sienta en la última fila del autobús. Pues bien, Juan, uno de los compañeros que te contaba de esa época de la universidad, ha escrito un libro de sus recuerdos, y en uno de ellos aparece el siguiente párrafo: «Recuerdo cuando X vino hacia donde estaba yo sentado en el primer día de clase en la universidad —en la zona media, pegado a la pared— para decirme que me levantara y la siguiera a donde estaban "los buenos", es decir, a la última fila, de la que ya escasamente me moví en una buena temporada. Allí estaban, entre otra gente, Alexia, Salva, X y Santi, quienes me recibieron con una media sonrisa que prometía que allí iba a aprender cosas bien diferentes a la teoría conductiva del estímulo-respuesta de Skinner, por poner un caso».

Así pues, la última fila.

Me enterneció profundamente esa lectura, porque no recordaba que, siguiendo mi patrón habitual, me senté en la última fila de la clase. Y allí nos conocimos unos cuantos. Y meses después, fíjate tú, iniciamos una especie de carrera en espiral, siempre hacia abajo, incidiendo en el nihilismo juvenil, pintando grafitis en los colegios de primaria días antes de las vacaciones de Navidad, donde habíamos escrito «Los reyes son los padres», por ponerte un ejemplo de nuestro delirio, o jugando a la ouija muy fumados. Todo menos estudiar Psicología. El caso es que X, de la noche a la mañana, desapareció sin apenas dejar rastro. Te hablo de aquellos tiempos en los que, sin redes sociales ni internet, cuando desaparecías, era como si la ciudad hubiera diluido una pastilla efervescente. Años después, cuando escribí «Carta a todas tus catástrofes», me inspiré en la desaparición de X. «Vamos a localizarte, es fundamental», digo en la canción, y no hablo de localizarte en un plano físico, que también era el caso, sino de localizar exactamente la fuente de tus problemas. Entiendo que X se hubiera largado. No éramos un grupo de amigos que, por decirlo de alguna manera, le diéramos paz, sino que incidíamos en la parte más oscura, creativa y humorística de nosotros. El caso es que si andas en un momento un tanto endeble, lo más sensato es largarse. Pero a Juan y a mí nos dolió. El grupo de amigos se disolvió, aunque nos seguimos viendo, y parece mentira que cada vez que lo hacemos, da la impresión de que retomamos nuestra amistad como si nos hubiéramos visto ayer. Este código que tiene cada amistad, su particular lenguaje, interacción, o química si quieres llamarlo así, me parece una de las cosas más hermosas que existen.

¿Dejaste la universidad?

Sí, y me puse a trabajar por la noche en una imprenta, hasta que se clarificaran mis ideas. Ese grupo universitario se disgregó, y esa chica llamada X desapareció. X, por aquellos tiempos, era esa persona que despertaba en ti instintos de protección, de abrazarla, porque vivía sola en Barcelona mientras que sus padres residían en Latinoamérica y ella había vuelto de allí. Ella era catalana, pero creo que su padre era ingeniero, y vino para Barcelona a vivir en un piso enorme, sola, con dieciocho o diecinueve años, con todos los problemas añadidos que alguien nos dijo que tenía con drogas más fuertes. Desapareció y no supimos nada más de ella.

¿Nunca más?

Muchos años después, diez o quince años después, cuando afronté la canción «Carta a todas tus catástrofes» y venía el estribillo «Vamos a localizarte, es fundamental», me vino ella a la cabeza y me emocioné muchísimo. De repente, no entendía los extraños lazos inconscientes que se generan cuando afrontas una canción, qué resortes mueve, qué ha salido de tu pozo. De nuevo intervenía El Otro, hablando por mí, recordándome facetas de mi vida que creía olvidadas. Y entendí que mi camino era hacer algo en una lengua, catalán o castellano, que entendiera, que me llevara a vínculos de la memoria mágicos, que en la época del inglés no había manera de vincular la palabra «Sunday» con nada, o «I love you». Yo no he dicho jamás «I love you» a nadie. Sin embargo, «Vamos a localizarte, es fundamental», eso tocaba un resorte en mi interior, enlazaba con mi memoria afectiva. Y es curioso, porque cada vez que me he planteado hacer una canción de manera consciente, algo así como «quiero hablar de la sensación de pastar por los prados verdes», no funciona. En cambio, cuando dejo que El Otro hable de lo que le da la gana, siempre salen cosas más interesantes.

Es curioso que, a través de El Otro, como lo llamas tú, parece que seas más sincero.
Exacto. Ah, y déjame que añada algo. Ella era una chica bastante desastre, como todos en esa época. Cuando en la parte previa al estribillo digo: «Y si al final resulta que mi plan genera dudas y ves más fácil que el intruso (el intruso es la droga) pueda burlarse de los dos. No me veas tan iluso, será un éxito absoluto, ni por un momento pienso que se espere este complot». El mal, el vicio y el caos provocados por la soledad, la alienación, la necesidad de evadirte. En definitiva, «Maniobras de escapismo».

Hablas de las drogas como la tentación, como algo atractivo y algo que te empuja al abismo, ¿no?
Son cosas que me habría gustado decirle en un momento dado, porque el arte ha servido muchas veces para sellar capítulos y decir cosas que, lamentablemente, tenías que haber dicho en ese momento. Pero yo me puse a trabajar y desconecté un poco. También me da la sensación de que teníamos un grupo en el que nos creíamos Dalí, Buñuel y Lorca en la Residencia de Estudiantes, con la grandísima diferencia de que, al menos para mí, en esos momentos estaba bastante desprotegido económicamente. Me daba la sensación de que yo no me podía permitir eso. Me pudo esa parte como más catalana del *seny*.

Más *seny* que *rauxa*.

Muy bien esta *rauxa* este año, pero no estás en la misma situación que los demás. Es como cuando conoces a un amigo que es aristócrata y ves que no vas a poder. Lo digo porque durante un tiempo fui amigo de un conde. Y, claro, era imposible seguirle el ritmo.

No juegas en la misma liga...

Exacto. Todo esto es lo que me habría gustado decirle, y cuando lo canté, me emocioné mucho porque fue como si cerrara un capítulo al cabo de unos años, y convertía, en este proceso de alquimia maravilloso que es una canción, una materia prima que es una catástrofe en algo bello. El pop quizá es eso, mitificar vidas ordinarias. La cuadratura del círculo de algunas relaciones que he tenido ha acabado materializándose en una canción a modo de conclusión.

O sea, una canción como la clave para comprender una situación en tu vida.

Sí, al final son lecciones vitales. Darte cuenta de que hay situaciones que se acaban cerrando al cabo de muchos años. Que nada es fortuito. Que muchísimas cosas acaban concluyendo cuando menos te lo esperas. Y todos esos lazos que has dejado abiertos, al final resulta que estabas en medio de un círculo y tú no lo sabías.

Hay como una configuración, un diseño en que tú solo ves puntos sueltos, pero dibujan algo concreto.

Exacto.

Es como si miras al cielo, ves estrellas sueltas y, de repente, haces un lazo y es una figura determinada. Es un caballo que vuela.
Por eso un momento de una de las epifanías que puedes llegar a tener es ese. Y es una canción que todavía me emociona cuando la canto. Es muy corta, dura dos minutos. A partir de ahí, la gente que estaba a mi alrededor entendía lo que decía. Y eso configuró un cambio sustancial en el momento de producir la canción. El productor, Ricky Falkner, por ejemplo, que es nuestro actual bajista, entendía de qué iba la lírica y podía darle casi casi un énfasis dramático a lo que estaba contando. O teatral, o vodevilesco... Las letras empezaron a influir en la producción del disco.

Él tenía las claves de comprensión, tenía más pistas, para contar con otras dimensiones lo que tú explicabas con letra.
Totalmente. A partir de ahí, el grupo se convierte en algo tridimensional.

Claro, era unidimensional y ahora es tridimensional.
Los demás no podían participar porque, simplemente, no entendían lo que decía en inglés. Yo me acuerdo de un tema de aquella época que hablaba de algo bastante jodido, y tenía a mi guitarra al lado saltando como si estuviera de celebración. Es un ejemplo de estos *inputs* que recibías y que te hacían pensar: «No vamos bien».

No estás explicando el tema ni a los que tienes a tu lado. Tú estabas en plan depre y el otro estaba en plan fiesta. Sintonías distintas.

Por eso, en aquel Primavera Sound de 2004, cuando andaba cantando y, mientras lo hacía, pensaba: «Tu banda es del Baix Llobregat, y todo el público que tienes delante, como muy lejos, son de Sabadell» [risas], me di cuenta de que no tenía ningún sentido, que éramos poco menos que gilipollas, y por este motivo, ahora, cuando veo a algún grupo de aquí cantando en inglés, uf, no puedo evitar tener aquella sensación que tiene un exfumador. Estábamos utilizando un vínculo idiomático que es una barrera, en realidad.

Nos estamos distanciando y en realidad se trata de acercarnos.

A partir de ahí había que romper esa cuarta pared a través de las letras.

En esta canción concreta de dos minutos y poco, ¿quién habita esta canción, Santi? ¿Quién hay dentro? Los protagonistas, ¿quiénes son? El decorado, ¿qué es? El escenario, ¿cuál es? Vamos a ver: estamos entrando en la canción, vivimos dentro de esa canción de dos minutos. Dime cuál es el espacio, qué vemos y qué personajes hay. Quién habla con quién o qué está pasando.

Es muy *heavy,* porque la presentación es casi como la de un científico que mira por un microscopio en uno de esos laboratorios típicos de los años setenta en películas de terror de serie B en un momento dado. Algo muy aséptico.

¿Con una bata blanca?

Sí, casi retrofuturista.

Todo muy blanco, paredes blancas, todo metálico, blanco, una bata blanca y un científico mirando por un microscopio.

Y a partir de ahí, de ese «Vamos a localizar el núcleo del error, para localizar su forma exacta y su composición», era como…

Un lenguaje supertécnico, ¿no? Para hablar de sentimientos utilizando un lenguaje técnico, frío, científico.

Sí, es una canción que tiene un *crescendo* emocional. Y esto es lo que me gusta, que empieza de una manera casi muy aria, muy de doctor Mengele, sin piedad. Vamos a mirar esto para acabar con el puto problema. Vamos a separar lo que es el error de lo que es el funcionamiento normal de tu vida. Y luego dice: «Para saber por dónde es frágil, separa el núcleo en cien mil partes, y adelántate a su próxima reacción». Es como «vamos a luchar contra este virus», ¿no? Y todo sucede en dos minutos. Y vuelve a decir: «Vamos a localizar el núcleo del error para estudiar su forma exacta y su composición». Y luego viene la parte del cambio, cuando te das cuenta de que el productor lo ha entendido. Porque los arreglos que hay de theremín y de cuerdas detrás casi entroncan un poco con el romanticismo ruso. Es una ventolera que hay detrás.

Dice: «Y si al final resulta que mi plan genera dudas, y ves más fácil que el intruso pueda burlarse de los dos. No me creas tan iluso, será un éxito absoluto, ni por un momento pienso que se espere este complot». Y va a petar otra vez a esa frase de piano que había hecho de «Vamos a localizarte, es fundamental. Vamos a acortar distancias, y observar el mal. Cuenta a todos que lo sabes cuando incendias sin querer, sabes que alguien más se rompe, sabes que todo lo rompes». Ese momento en el que las personas con las que estás, ese círculo de amigos donde ves que esa persona de repente desaparece por primera vez una semana, y no sabes de ella, y sufres como colega. Esa gente que, con su actitud, incendia sin querer…

Es porque hay una parte de ti que se está quemando.

Sí, que se está preocupando. Ya son avisos. Cuando incendias sin querer, sabes que alguien más se rompe. Sabes que todo lo rompes, que es como «eres un puto desastre», y por tu desaparición me he roto.

Eres un virus…

Se lo tendría que haber dicho a la cara, ¿eh? «Amiga, eres un puto desastre».

Claro.

Entonces es: «Vamos a localizarte, es fundamental. Vamos a acortar distancias y observar el mal». Acaba de una manera casi muy Joy Division, o de una forma muy marcial. Vamos a localizarte, vamos a localizarte, vamos a localizarte.

Muy militar.

Sí, como si la Interpol hubiera interpuesto una orden de búsqueda de alguien. Y hablo de localizarte en el sentido de conocerte a ti mismo, ¿sabes? De vamos a ayudarte. En plural. En solidario. Pero, de repente, como te decía antes, piensas que esto es una ventana y crees que estás hablando de alguien, pero te das cuenta de que es un pretexto y en realidad estás hablando de ti.

Es un espejo. Te estás mirando a ti.

Sí. Cuando me di cuenta, fue aterrador.

Por tanto, el científico que mira por el microscopio y el objeto estudiado. Tú eres el científico y tú eres la microbacteria que estudias.

Exacto.

O sea, ¿tú te estás estudiando a ti mismo? ¿Tú te estás poniendo bajo tu propio microscopio?

Sí, sí. Y ellos, eh, y los demás también me lo decían: «Yo me voy a dedicar a tal, pero tú eres bueno en esto, tío». Y ves que pasan los años y no acaba de suceder lo que tú pensabas que iba a suceder en esa época. Que ibas a vivir de la música.

Todo es lento.

Sí. Y no digo vivir de la música en el sentido del éxito, sino vivir de la música para seguir haciendo música.

Era como no hacer nada más que música.

Exacto.

O sea, era como pagar tus facturas a través de la música.

Ahí está. Entonces comprendes que esta vocación se ha convertido en algo negativo y en una especie de esclavitud. En algo que no te hace disfrutar. El no haber encontrado tu voz, toda esa época de crisálida de no haber encontrado tu sello particular, es muy frustrante, porque piensas: «¿Dónde se torció el camino?». Qué pasó, tan claro que lo tenías, una visión tan certera con trece años. Quien ha tenido una vocación lo sabe. Siempre ha habido un disparador, que es el primer *feedback* que tienes con la gente. Esa persona que lee algo tuyo y se emociona. Necesitas saber que vales. Y los *inputs* eran muy tibios.

La aprobación o la desaprobación. El estás aprobado o estás suspendido.

Sí, pero insisto: lo que quería es que nos aprobaran para seguir componiendo. No se trata de algo económico, jamás lo ha sido. Eso ha venido por añadidura. Pero ganar dinero con la música significaba tener tiempo para la música. Así de sencillo.

El «puedes seguir adelante o mejor déjalo, chaval». O sea, la puta frase del «mejor déjalo, chaval» que a lo mejor no te la dicen, pero te la hacen sentir.

¡Te la hacen sentir!

Te la hacen sentir. Ese «déjalo chaval» es matador.

Claro. Me acuerdo de cuando era pequeño y me preguntaban: «¿Qué quieres ser de mayor?». Con ocho años, en primer lugar, yo quería ser jugador del Barça, evidentemente, como todos los de mi calle. Y luego, como mi colegio estaba bastante centrado en carreras técnicas y yo veía que por ahí no, estuve un año diciendo que quería ser abogado. Pero decía abogado por decir algo. Y me decían: «Tú ya sabes eso que dicen, Balmes, de quien vale, vale, y quien no, a Derecho».

Guau.

Eso decían en esa época. Y yo me quedaba pensando: «Ya, ya, pero es que te lo estoy diciendo porque realmente no tengo ni puta idea de qué quiero ser». Y entonces, con doce años coges una guitarra y tocas, y al cabo de un minuto tu vida ha cambiado... Ojo, ¿eh? Que a la gente que nos ha pasado eso...

Bueno, y luego esto de Bowie. Este vídeo al final es tu canción con el tío del microscopio y el objeto observado, porque son las mismas personas. Esa duplicidad se produce en la canción que estamos analizando ahora.

Sí, sí. La duplicidad en ese momento de crisis que ignoraba y realmente era la hora de salir de la crisálida, así que, con lo que ha pasado, esa crisis en realidad se ha transformado en algo muy diferente. Un momento que es casi como tu tercer nacimiento, porque el segundo creo que fue el momento de esas guitarras tocadas con los colegas. Ese momento en el que tú ya sabes que tienes todos esos *inputs* de un montón de bandas que te gustan y coges la guitarra y dices: «Ah, yo también voy a hacer algo que vaya en ese sentido». El tercero es cuando ya encuentras realmente tu voz propia. Y a partir de ahí, pues todo lo que ha pasado. Entonces, viene lo siguiente: te encuentras con un adulto que te pregunta a qué quieres dedicarte cuando seas mayor. Y le contestas que quieres ser músico. Acto seguido te dicen: «Vale, está muy bien, pero aparte de la música, que mola como afición, ¿A QUÉ QUIERES DEDICARTE?».

Si tuvieras que explicar «Carta a todas tus catástrofes» en una frase, ¿qué dirías? ¿Por qué tengo que escuchar esta canción? ¿De qué me sirve a mí?
La magia es que cada uno la hace suya. Tampoco es de las mejores canciones de Love of Lesbian, pero fue un autodisparador.

¿Hay tatuajes de esta canción en los cuerpos de la gente?
Yo creo que no, porque la tarea de tirar para atrás en el tiempo tampoco ha sido lo normal en el fan que nos conoce sobre todo a partir de *1999.* Pero sí veo a gente cuando la tocamos diciendo: «¡Bien!».

O sea, es una canción querida, una canción bienvenida.
Sí.

Cuando la incorporas a tu repertorio, la gente dice: «Qué bien que la hayan tocado».
Sí, aunque es de las que tocas para ti, sobre todo. Es como una especie de película que se reproduce a cámara rápida. Porque si tú ves la estructura del tema, no es la normal que debería tener una canción.

¿Es acelerada?
Todo sucede en nada. Si la hubiéramos hecho en la época de *El poeta Halley,* seguro que duraría cuatro

minutos. Seguro. Pero en esa época acabábamos las canciones en el estudio de grabación. Era un momento en el cual el grupo estaba muy desperdigado, y fue un mano a mano con Ricky Falkner y con Santos y Fluren de Blind Records. Pero casi casi me daba la sensación de que estaba iniciando una segunda carrera en solitario, porque el grupo estuvo, pero no estuvo en el cien por cien del proceso. Fue como: «Oíd, chicos, yo empiezo a dar este paso hacia allá y me vale con que digáis: "Ok, te apoyamos", pero dejadme perderme por esa selva, y si encuentro algo, os digo que vengáis». Y se encontró, se encontró. Pero eran temas que eran como una pequeña llama que tenías en casa y que se acababa de desarrollar no en un local, sino en el estudio de grabación. Fue algo muy suicida, mucho. Por eso tiene un punto de juguete, no de banda. *Maniobras de escapismo* es un disco bastante de juguete. Recuerdo que cuando Oriol y Jordi llegaron al estudio y escucharon «Domingo astromántico», tuvieron un momento de «vale, ahora lo entendemos». Julián hacía tiempo que, de alguna manera, les había tomado el relevo en lo que respecta a la implicación y les llevaba ventaja. Quizá Jordi, Oriol y Joanra se quedaron a la expectativa con anterioridad, un poco fuera de juego, pero pillaron la intención a tiempo, y su emoción era auténtica. Esto es realmente especial. A veces me ha dado la impresión de que ser líder también es cuestión de convencimiento. Es generar seguridad. Dices: «Seguidme», y te siguen porque has dicho «seguidme» con un cierto aplomo. Aunque tú, en realidad, no tienes ni putísima idea de hacia dónde vas [risas]. Seguidme. ¿Hacia dónde? No sé, ya se verá. En realidad hay que estar loco, tanto para decir «seguidme» sin saber adónde como para los que te siguen.

Kilómetro 5

«Universos infinitos»

La vida como un cristal roto

¿A qué disco pertenece esta canción?

Cuentos chinos para niños del Japón. Es uno de mis temas preferidos. Lo escuchas con el vídeo y es muy bonito. En cada disco de Love of Lesbian hay temas que son definitorios en nuestra carrera: o son un *hit,* como «Los toros en la Wii» o «Club de fans de John Boy», o lo que llamo un himno [risas], que podría representarse con «Allí donde solíamos gritar». También creo que hay dos tipos de fan: por un lado, el que su canción preferida es cualquiera de las dos primeras que te he comentado, es una persona amante del pop cuya inmersión en nuestra discografía es más superficial, de *playlist;* y, por otro lado, el que su tema preferido es «Allí donde solíamos gritar», quien me da la sensación de que ha profundizado más en el territorio donde nos sentimos a gusto, que es, sin duda, la melancolía. En cualquier caso, esa ambigüedad ya se trabajó en los dos discos anteriores. En este sentido, «Universos infinitos» no pertenece a ninguno de los dos grupos, sino que para mí es un tema que nos autoinstigó a seguir una línea como la combinación de sonidos acústicos con secuenciadores. De alguna manera, son dos estilos contradictorios, así que no me extraña que la letra también lo sea. Recuerdo que le había enseñado a Julián un arpegio y, al cabo de unos días, él volvió con esa dulce melodía inicial, que parece casi como esferas pequeñas rebotando entre ellas. Al juntar aquel arpegio de guitarra y aquel secuenciador, se creaba la magia delante de nuestras narices. Creo, sinceramente, que «Universos infinitos» es importante porque descubrí la cocreación junto a Julián. En aquellos momentos, el resto de miembros de la banda estaban metidos en sus particulares guerras laborales y buscando su lugar en el mundo, ya que la banda había despegado de una manera tímida. Había mejoría, pero aún no podíamos vivir de ello, sobre todo teniendo en cuenta que tres de nosotros o ya éramos padres o estábamos a punto de serlo. En esa época, me encontré con un Julián motivadísimo que empezó a ejercer de matrona de mis particulares partos, o instigador de otras canciones en otros momentos.

Un bonito binomio.

Sí, y curioso, porque, por decirlo de alguna manera, su escuela es diferente a la mía. Él tiene un *background* más americano, mientras que yo soy de influencias más *brit.* Pero, algunas veces, cuando me ha traído algún juego de acordes con el que mi primera reacción era: «Buf, no sé qué puedo hacer con esto» [risas], al cabo de unos días, o meses, o incluso años, he encontrado aquello que llevaba a mi terreno personal, y en esa aparente fricción de estilos ha salido algo realmente interesante. Hay varios ejemplos: por mencionar alguno, Julián trajo el juego de acordes de la estrofa de «Oniria e Insomnia» y, al cabo de unos días, me vino la rueda de acordes del estribillo. Lo mismo pasó con «Cuestiones de familia»: Julián trajo el inicio y le añadí el estribillo. Supongo que me veo obligado a marcar gol con los estribillos, y Julián es especialista en traer estrofas, todo lo contrario que mi *modus operandi* cuando lo hago solo, ya que generalmente empiezo si tengo un estribillo claro. Lo que me pasa con los estribillos es que si no los encuentro, me da la sensación de un equipo de fútbol que ha tocado mucho tiempo la pelota, pero que ha sido incapaz de llegar a portería contraria. Lo mismo con «1999». Julián me vino con ese juego de acordes de la estrofa y, curiosamente, enlazaba su tonalidad con un estribillo que cantaba en mi casa, un estribillo huérfano de estrofa, que era: «Ya no hay ganas de seguir el *show,* ni de continuar fingiendo», y el arpegio posterior. Creo que «1999» es un tema que nos unió de una manera muy particular, así como todo el disco en general. De hecho, cuando la tocamos en directo, siempre nos miramos a los ojos y nos emocionamos.

¿Volvemos a «Universos infinitos»?
Claro, mira, la letra me vino al instante. Con un inicio tan humilde, el contraste ideal pasaba por hablar precisamente de lo más grande. La idea del infinito, de lo fractal. Volverse loco ante la amplitud del exterior, pero también por la cantidad de emociones que tienes en tu interior y que en la vida exterior apenas puedes usar para nada en concreto. Descubrir el contraste es muy enriquecedor. Luego, ese inicio tan minimalista explota en la segunda parte de la canción. Sigue manteniendo la belleza, pero se produce el *big bang* melódico.

De un átomo al universo entero. De algo microscópico al cosmos.
Totalmente. En «Universos infinitos» hay un minimalismo, un juego de esferas, parece que de repente las canicas puedan convertirse en grandes esferas planetarias. Y también hay una angustia muy abrumadora. Habla de jugar con fuego porque, a veces, el tema de la creación es jugar con fuego. Dice: «Ahora dicen que hay muchos más universos infinitos como el nuestro. Dime si no es para volverse loco, ¿no te sientes más pequeño? Dos espejos frente a frente crearán cien mil caras que observar, puede que alguno de ellos sea el real, lo tendré que investigar. Que empiece el viaje ya».

Lo múltiple.
Sí, o sea, dentro de la multiplicidad de todas tus personalidades, cuál es la real. Como cuando eras pequeño y estabas en el Tibidabo en la galería de los espejos. O

en casa de mi abuela, donde yo también jugaba mucho con dos espejos que estaban enfrentados y cómo se generaban una serie de imágenes infinitas.

La multiplicidad de la realidad.

Y yo imaginaba que uno de ellos era como el rebelde. De repente, la imagen del fondo, la número 9, hacía un movimiento...

Un gesto inesperado, se rebelaba una parte de ti contra ti mismo.

Es muy esotérico, quizá. El estribillo dice: «No volveré a hacerlo más, no he encontrado respuestas. ¿Y si no regreso jamás y este ruido no cesa? Mundos que van a estallar si mi vida es la opuesta. Y yo ya no puedo hacer más si este más siempre resta». Esto representa que he escogido una profesión muy complicada, siempre hay una frustración en tu vida normal, sobre todo cuando estás trabajando, y en tu vida fuera de la profesión siempre estás intentando escarbar dentro de tu universo mental para ver hasta dónde puedes llegar. Y el peligro que esto supone a veces de volverte loco. Sí, el miedo a volverse loco es un tema constante en mi carrera como compositor. De hecho, hubo un momento hace un par de años en que me obsesioné tanto con la composición que empecé a ver notas delante de mis ojos, no solo al escuchar música, sino al escuchar hablar a la gente. Y no veía notas únicamente con personas hablando, sino cuando escuchaba el traqueteo de una grúa, las bocinas de los coches o el puto piar de los pájaros. Es decir, cualquier fenómeno sonoro que sucediera en mi campo auditivo lo transcribía a una especie de partitura. Tuve que hacer esfuerzos por borrar esa especie de «pantalla» ya que, como puedes imaginar, resultaba harto molesto hablar con alguien y fijarte más en su forma que en el contenido de su mensaje. «Tiru, riru, riii» en vez de «eres un idiota» [risas].

Con este ensimismamiento, este mirar por dentro siempre, puede ser un laberinto, un universo de universos del cual puedes no salir. Si te metes en el laberinto, podrías no salir nunca.

Hay gente a la que le ha pasado.

Te quedas pillado en tu universo. El universo-laberinto, ¿no? Si juegas con fuego, te quemas. Vivir en una vida tan paralela, tan lejana de la realidad, que sea como un Matrix. Aquí también entran las drogas.

Syd Barrett, de Pink Floyd, es el ejemplo claro del peligro que existe en un mundo en el cual algunos han abusado. Yo, en mi relación con las drogas, he tenido la grandísima suerte de que las he consumido, pero...

... no has dejado que ellas te consuman a ti.

Exacto. Me han hecho ganar dinero, en realidad [risas].

No te has hecho su esclavo, las has sometido, las has puesto a tus órdenes para que te dieran disparadores creativos.

Sí. Para ilustrar lo que te digo, me acuerdo de un día que me encontré con Mario, un gran amigo mío que murió hace un tiempo y del cual hablaré más tarde, ya que habrá un tema sobre él, a no ser que al final me dé mucho pudor y decida dejarlo en el baúl de los proyectos que jamás salieron a la luz. El caso es que Mario me recordaba muchas veces que en una ocasión me vio con una bolsa de marihuana y que, por lo visto, cuando me preguntó con cierta sorna: «¿Qué llevas ahí?», parece ser que le contesté: «¿Dentro de esta bolsa? Pues aquí hay treinta canciones». Y, lejos de la broma, no mentía. Porque he utilizado las drogas como una desinhibición para pasar del punto A al B con cierta velocidad. Hago un uso controlado de la marihuana, sabiendo que la mitad de las veces me ayuda, y la otra mitad me lleva a pensar que lo que ando componiendo o escribiendo es brutal, sin saber que estoy haciendo basura. El juez siempre es el día siguiente, por la mañana, con un café [risas]. Pero, sin duda, me han ayudado, como a tantísimos, ya que a través de ellas puedes lograr ese estado de desinhibición. No quisiera hacer apología de las drogas. Su uso es una especie de pata extra situada en el centro de una mesa. La mesa necesita otro tipo de patas, una en cada esquina. Y hay más.

¿Siempre han sido experiencias positivas?

Casi siempre, porque, de alguna manera, he hecho un uso casi homeopático de ellas. Veamos, sí hubo un día en Ámsterdam que iba con mi pareja y nos tomamos un champi que, bueno, no fue una buena experiencia, la verdad... Ese día sí que le vi las orejas al lobo, y supongo que aquel día empezó a gestarse la semilla conceptual de «Universos infinitos». Pero hay que reconocerlo: las drogas han servido para que el mundo avance.

Rompen con la realidad. Y la realidad no es más que un territorio pragmático. La realidad solo sirve para comprar más papel higiénico cuando se termine, o volver a llenar la nevera cuando se vacíe. Y para llegar a fin de mes. Y para calentarte con una chimenea si hace frío. La realidad solo te ofrece esto. La gestión de la realidad es esto. Si quieres trascender mínimamente, escapar de la realidad, tienes que buscar una rendija.

Una rendija, sí. Creo que fue Lenny Kravitz quien dijo en una entrevista que las drogas son un atajo.

Sí, claro, es un camino rápido.

Pero, cuidado, porque el peligro de la locura está ahí. Porque puede que no encuentres lo que estás buscando. Y, lo que es peor, que abras la caja de Pandora de ciertas partes de ti.

Por lo tanto, esta canción habla de esto, de poder quedarse pillado en esta ratonera, en este laberinto en este mundo de esferas.

No quisiera hacer apología porque, insisto, mi uso es muy concreto. Pero es indudable que, en momentos de bloqueo, te dan alternativas. Aunque, ojo, miles de personas probaron el LSD y solo hubo un Jimi Hendrix. Así pues, la droga no te convertirá de repente en el protagonista de «El cortador de césped». La droga será creativa o no, dependiendo del recipiente donde se aloje. El tema habla de no encontrar respuestas, de pasarse una semana bastante *high* en el tema de las sustancias sin hacer nada, sintiendo una frustración doble, y, de alguna manera, de decepcionar a tu pareja. Lo digo por lo siguiente: te pasas muchas horas intentando crear, y eso, sin duda, va en detrimento de una relación digamos que normal. Y dice: «No volveré a hacerlo más, no he encontrado respuestas». El «no volveré a hacerlo más» es como el niño pequeño que... Creo que hay culpa en esa canción.

Como el rey de España: «Lo siento mucho, me he equivocado y no volverá a ocurrir».

El ejemplo de Syd Barrett como aviso a navegantes.

El gran visionario, el gran abridor de caminos. Y resulta que se queda tirado por el camino.

Sí, porque llega un momento en que ya pierde la noción de la realidad, y hacían un directo del primer disco y se pasaba todo el directo haciendo un acorde a piñón, y los otros mirándolo como diciendo: «¿Pero nadie lo va a parar?». Estaba fuera. Y de hecho le dedican todo el disco de *Wish You Were Here* a él. Todo ese disco brilla loco diamante, ¿no? Porque todos sabían que tenía un talento en bruto, que fue instigador en lugar de artífice. Es el ejemplo de lo que no te tiene que pasar. Él fue el fundador de Pink Floyd y estableció las bases de lo que sería toda la carrera de Pink Floyd.

Pero se quedó tirado en el camino.

¡Y quizá eso sea lo mejor que les pasó a los Pink Floyd! Porque a partir de entonces, a raíz de todo lo que él había apretado de «vamos hacia arriba», los demás lo convirtieron en los buenos temas. Dijeron: «Vamos a poner orden porque Syd nos ha dado las claves». Y las han seguido durante toda su vida.

Han vivido de rentas del tío que se quedó en medio del camino.

Es que es alucinante, porque los devotos de Pink Floyd eran gente que iba a casa de Syd Barrett, y él, al final terminó recluido viviendo con su madre. Fotos de tabloides sensacionalistas ingleses: «Descubrimos a Syd Barrett que ha ido a comprar el pan». Y entonces ya no era ese fantástico yeyé con camisas floreadas y guapísimo. Era un señor de cincuenta años, calvo completamente, con una bicicleta y una barra de pan de medio kilo.

Una decadencia infinita.

Era el típico inglés de *pub,* pero que salía de su casa para ir a comprar cuatro cosas y necesitaba el orden para no desestabilizarse y volver a casa con su hermana y su madre.

Salir de casa y comprar el pan era una epopeya.

Sí, no lo conozco en profundidad, pero todo lleva a pensar que la familia dijo: «Chicos, tenemos que cuidarlo porque se ha roto por dentro».

Eso es un peligro. Una frontera. Y si traspaso la frontera, ya no hay retorno. No hay marcha atrás.

Exacto. El miedo a enloquecer. Y nuestra generación es de los de «hostia, yo conozco a uno que está fatal».

Tripis y heroína.

Y sigue pasando. Ir a urgencias por sobredosis de mezcla de pastillas. Hay ataques psicóticos, pero creo que nuestra época, en este sentido, fue más fuerte, porque los tripis podían enviarte al otro barrio psíquico. Y recuerdo que una vez, con dieciocho años, con una panda de amigos, alguien nos metió un tripi en la bebida.

Joder.

Y durante toda la noche fui detectando que aquello no era normal. Terminamos subiendo Passeig de Gràcia sin tocar la acera, por los techos de los coches aparcados [risas].

Lo más normal del mundo.

Y este miedo es un pánico de volverte loco, de no controlar nada. ¿Y si resulta que intentando sacar un temazo al final acabas para allá, o te viene una depresión que te dura uno o dos años?

Qué precio tengo que pagar para un buen temazo o para un momento artístico brillante. ¿Puede tener un precio irreversible hasta el punto de quedarme tirado en el camino?

Y es algo que siempre ha estado ahí, ese pacto con el diablo a través de las drogas. Que, de alguna manera, si alguien necesita estar ante diez mil personas que le aplaudan, es que alguna carencia tiene.

Esto lo tienes estudiadísimo y eres muy consciente de esto, ¿verdad? De que el aplauso es muy chulo, pero no puede ser condición *sine qua non* de tu vida.

No. ¿Qué haces con tu locura? ¿Juegas con ella? ¿La positivizas con un proceso alquímico que pase por hacer canciones que hagan vibrar? Porque si no tienes esta compensación, quizá todo puede derivar hacia una depresión. Yo sé qué es pasar una depre, sobre todo cuando tuve aquella conciencia brutal de ser la pieza que no encaja. Y, de alguna manera, estoy seguro de que tengo antecedentes familiares de personas que han sido muy intensas y brillantes en sus épocas de juventud, pero que después han sucumbido a la depresión, el éxito a cambio de ese pacto mefistofélico. Y, mira, te voy a decir una cosa. Por mi experiencia vital, hay dos tipos de carácter que odio con todas mis fuerzas: el inestable, es decir, esa persona que, cuando abres la puerta de tu casa, no sabes en qué estado de ánimo te la encontrarás, si plácido o irascible; y en segundo lugar, el obsesivo. Directamente, no puedo con ellos. Hay un párrafo muy famoso de «En el camino» que se ha viralizado mucho porque, *a priori,* todos nos sentimos un tanto identificados con él. Dice: «La única gente que me interesa es la que está loca, la gente que está loca por vivir, loca por hablar, loca por salvarse, con ganas de todo...». Bueno, lo comparto al cien por cien. Pero, desgraciadamente, la gente que está loca para mí no son esos. Eso es gente despreocupada, vitalista o irresponsable. La gente que está loca, al menos en mi opinión, está desprovista de ese halo aventurero que representan los protagonistas del libro de Kerouac y puede destrozarte años de tu vida con sus vaivenes, sus ataques de ira, etcétera. He tenido ataques de ansiedad durante años. Creo que también te he comentado que he padecido migrañas *cluster,* o, dicho de otro modo, cefalea en racimos, durante muchos años de mi vida, demasiados. Es un dolor intermitente y extremadamente agudo que, en el momento de una crisis, puede llevarte al suicidio. Por otro lado, ese tipo depresivo vive dentro de mí. Es como un perro negro que me sigue desde la distancia, o como un tatuaje en la espalda. Siempre está al acecho. Y tengo algo de obsesivo, lamentablemente. La suerte es que he centrado mi obsesión no en alguien en particular, sino en la composición. Si me ves por la calle, si hablas conmigo, pensarás que soy un tipo afable, incluso seguro de sí mismo. Pues no es así. Debo lidiar con todas esas mierdas como un domador de leones. Al final, con el tiempo, lo único claro que tengo acerca de mí mismo es que soy una persona esencialmente nostálgica, o melancólica, es decir, me muevo entre la sutil diferencia que puede haber entre dichos adjetivos. No hay porqués. Hay personas que han pasado situaciones extremadamente difíciles y han tirado para adelante con toda la energía y alegría del mundo. O dicho de otro modo: lo que me ha sucedido, lo malo, lo he usado vilmente como excusa como para incidir en un carácter que ya se inclinaba hacia una leve tristeza. Esta emoción la sublimo a través de la creación, la cual me equilibra. Punto pelota.

¿Y qué me dices de los obsesivos? Los *stalkers*, como podrían llamarse ahora...
Me ponen los pelos como escarpias. Esa gente que se obsesiona con alguien. Te escriben a todas horas y pueden llegar a hacerte sentir culpable. El *stalker*, quien vive un tiempo desmesurado pensando en otra persona, como mito, como objetivo emocional, diana o chivo expiatorio de sus deseos de venganza con la vida. Me ha pasado y es un infierno. Los aborrezco profundamente y me dan mucha lástima. Ser un plasta para ti y para los demás. Y lo digo porque siempre he intuido que hay una parte de mí con esa tendencia. Sin embargo, como te decía, la he podido canalizar y enfocar hacia una canción o un proyecto. Obsesionarte con una canción es bonito. Es un ideal. Con una persona... Creo que lo decía Panero: «En la vida puedes ser cualquier cosa menos un coñazo» [risas].

Por una persona es horroroso.
Así pues, decidí que tanto mis altibajos como mis obsesiones iban a ser encauzados únicamente en mi faceta como creador, y convertirme en una persona, digamos que estable, en mi vida normal. Porque al lado de un loco o loca, sencillamente, no puedes estar. La creación, el volcar toda tu supuesta locura en formato canción o relato, ha sido para mí una especie de exorcismo de cualquier demonio que tuviera dentro para evitar que se repitieran errores, que pasaran de generación en generación. Es altamente higiénico. Por eso mi consumo de drogas o alcohol ha estado siempre

condicionado y frenado por haber sido testigo de primera mano de sus reacciones más negativas, es decir, al observar el daño que hicieron en terceras personas, gente muy próxima con los que tuve que lidiar a muy pronta edad y que se convirtieron en antihéroes, que, por supuesto, marcan igual o más que los héroes. ¿Eres obsesivo? ¿Eres inestable? ¿Eres de los que dicen que prefieren la compañía de un perro que la de un ser humano? Pues ve al psicólogo, haz algo creativo, pero a mí no me agobies. Lo siento. Ya he pasado por eso demasiadas veces. *Ciao.*

Es cierto que en esa canción hay un suave y tenso equilibrio entre la preciosidad y la angustia.
Una tensión latente. Todo esto lo estoy sacando a raíz de la conversación, ¿eh?

Bueno, pero mola muchísimo. Y a ti te va bien para ordenar ideas.
Me va bien para darme cuenta de que ni tan solo yo era consciente de la cantidad de información que tenía esa letra. La de cosas que pueden estar condensadas en un verso. Nunca lo dirías. He tenido la enorme suerte de ir a las esquinas de mi personalidad, o, si quieres decirlo de otra manera, a través de relatos y canciones he podido explorar otro tipo de caracteres que en la vida normal no puedes permitirte dejar aflorar: he sido el explorador psíquico a través de las drogas, como en «Psiconautas», el sentimental, como por ejemplo en «Domingo astromántico», o el sádico, en «El yin y el yen». También me he puesto en la piel de un peno-

so dominador sexual, como en la tragicómica «Cuando diga ya», o me he zambullido en una psique más borgiana, como en «Universos infinitos». La autobiografía, pura y dura, no lo es todo en el mundo de la creación, o, al menos, esa es mi experiencia. Cuando de verdad sientes que está sucediendo algo que va más allá de ti, de lo previsible, es cuando sientes un placer más inexplicable, y eso pasa muchas veces a través de fantasear con múltiples personalidades. Dejar que aflore «aquello». ¿Soy un dominador sexual frustrado o un sentimental crónico? Posiblemente. O no. En realidad, detrás de todo creador hay un gran mentiroso, o un ilusionista. Lo cierto es que no tengo miedo a dejar aflorar todos los duendes bondadosos o los monstruos infames que viven dentro de mi persona, porque todos son posibilidades de carácter que no se han convertido en el eje central de mi comportamiento por razones más de ambiente que de genética. Todos podemos reaccionar de maneras inverosímiles si nos sacan de nuestra coyuntura habitual, porque nuestra coyuntura, en realidad, es lo que nos marca. Nos creemos muy auténticos, con nuestros pantalones vaqueros, nuestra barba hípster [risas], abogando por los derechos de las minorías, bla, bla. Y digo bla, bla porque si hubiera nacido en el siglo XII, probablemente iría vestido con harapos, ya no tendría dientes y sería un machista asqueroso. Es decir, en realidad nacemos vacíos. Y somos seres meramente coyunturales. Hay muy poco auténtico en uno mismo, me sabe mal decirlo.

¿Es importante que aquello de lo que hablas sea verdad?
Creíble, sí; cierto, no. A fin de cuentas, ¿qué es la verdad? Nadie lo sabe. Conocemos un relato sobre lo que es la verdad. Por otra parte, esa verdad ha sido concebida de manera subjetiva por nuestros limitados sentidos y nuestra sesgada información. Siempre he concebido la vida como un cristal roto. Cada uno tiene una pieza del cristal, y esa pieza también está fragmentada. Entonces, y volviendo a la canción, lo necesario es que, verdad o mentira aparte, sepas extraer el tono que requiere cada obra artística y que esa credibilidad se transmita. En definitiva, que te lances con todo. Supongo que el objetivo es lograr escribir aquella frase que te rompa los esquemas a nivel intelectual, o que emocione. Y, en primer lugar, quien se lo tiene que creer es el propio autor. El primer sorprendido debo ser yo. El primero al que se le erice la piel. Ese es mi termómetro. De otra manera, es imposible.

¿Tiene mucho que ver con el ilusionismo?
Sí. Estás en un acantilado, junto a tu amigo. El tipo empieza a darte la brasa con las estrellas, que si hay que ver lo pequeños que somos, nuestra menudencia a nivel existencial, bla, bla, bla, y resulta que ese día tú estás en las antípodas del misticismo, así que le das la razón mientras piensas: «Otro chapas que se pone tierno mirando al infinito soltando topicazos» [risas]. Y entonces, durante una ráfaga, piensas en asesinarlo.

Lanzarlo al vacío. Está claro que no es una emoción ni normal ni habitual. Pero, sí, puede que durante una décima de segundo hayas tenido ese impulso cabrón. Te pongo en una situación imaginada.

A tu amigo.

Claro. Es fundamental que sea tu amigo, porque entonces la contradicción incluso es más total [risas]. O si quieres, puedo ponerte una situación que solo te atañe a ti. Por ejemplo, estás en un quinto piso, en la terraza de tu vecino, y miras hacia abajo. Te viene la tentación de tirarte. ¿Eres un suicida? No. Pero sucede. Entonces, un creador puede recoger ese instante tan fugaz y eternizarlo en formato canción. Ahora que lo pienso, creo que, tras mucho divagar sobre tirarme o no, en la canción, en el último verso, elegiría tirar al vecino. Pirueta final. Lo que quiero decir con todo esto es que una persona con un trabajo normal no usa esa información, ese momento fugaz de maldad, sino que la obvia porque no le sirve para nada más que preocuparse por su salud psíquica. Yo, en cambio, intento convertir en algo bello ese momento fugaz en el que me vienen instintos negativos. Esa contradicción me interesa. Todo lo que atañe al ser humano me interesa. Cualquier faceta. Por eso, cuando me preguntan: «¿Qué hay de real en las canciones de Love of Lesbian?», no sé qué decir. Porque a veces puedes sentirte un impostor al haber compuesto un tema de algo que NO ha pasado en realidad, que lo ha creado El Otro, pero, mira, para eso tengo una coartada. He llegado a la conclusión de que si lo he fantaseado, es parte de mí. Y si lo he fantaseado de una manera muy intensa, entonces quizá es más parte de mí que otros días normales en los que he puesto el piloto automático, que pasan sin mayores sobresaltos y que acaban en la papelera de reciclaje. Así pues, en mi caso, hay canciones cuyo argumento lo he vivido radical y exclusivamente dentro de mi fantasía. Y eso está bien, porque te enriquecen como persona.

Haciendo canciones has buscado a otros «tús», como *Alicia a través del espejo*.

Sí, con la ventaja de que no te vuelves loco. Es un fuego controlado. Un campo de tiro acotado. Déjame decirte una cosa: no recuerdo la mayoría de momentos en los que he compuesto una canción o escrito una letra. Por eso insisto en la idea de El Otro. Veo a gente que se ha tatuado frases que he escrito y algunos me preguntan: «¿Cómo te vino a la cabeza?». Me frustra no poder dar un recuerdo demasiado exacto. He llegado a la conclusión de que entro en trance. Por completo. No sucede de repente; a veces ese clic pasa cuando llevas dos horas escribiendo. Pero sucede. Y entras en otro plano mental. Es como cuando haces el amor y pierdes la noción del espacio-tiempo. Cuando sales de allí piensas: «¿Qué diablos ha pasado?», pero esos momentos, sumamente placenteros, son tan intensos que a la memoria le cuesta documentarlos. Incluso te diría que la memoria queda anulada porque el cien por cien de tu cerebro está involucrado en ese momento de trance.

Como si alguien te hubiese soplado esa melodía o frase.

Sí. Cuando en la Biblia se habla de que los apóstoles escribieron los Evangelios a través de la intervención del Espíritu Santo, que era aquella fuente energética quien se los dictaba, oye, no es ninguna tontería [risas]. Te juro que es otro estado mental, y es algo que he ido adquiriendo poco a poco, a través de la constancia. No sucede siempre, porque sería de locos. Pero cuando pasa, no hay palabras.

Si lo mezclas con unos auriculares y una pequeña dosis de marihuana...

Como muchas veces he hecho. Dios, puedes pasarte horas en la estratosfera completamente sacudido y absorbido por una melodía, un *loop* o una frase. Es más, puedo levantarme por la mañana, encender el ordenador y leerme. Y pensar: «¿Esto lo he escrito yo?». Es un desdoblamiento sin ambages. Me viene a la cabeza una frase: «A veces despierto y soy yo». Es de «Planeador». Siempre me ha roto los esquemas, tanto en su forma como en su fondo, así como mi absoluta amnesia cuando intento recordar cómo surgió una frase con semejante fuerza. No tengo ni idea. Simplemente, un día abrí el ordenador y allí estaba. Supongo que la escribió El Otro. Casi siempre que surge algo interesante es así. Cuanto más débil sea el recuerdo consciente del momento creativo, creo que mejor.

Por cierto, ¿te has ayudado de cierto tipo de prácticas mentales para llegar antes a un estado creativo?
Sí. La meditación, por ejemplo. También he coqueteado con la autohipnosis; de hecho, antes de los conciertos alguna vez me he enviado órdenes. No creo que sea algo excesivamente marciano, la verdad, excepto el día que fui a un hipnotista para dejar de fumar y el tipo empezó a gritarme: «Cada vez que veas un cigarrillo, lo único que sentirás será ASCO, ASCO, ASCOOOO». Aquel día, la verdad, tuve que aguantarme la risa.

Kilómetro 6

«Cuestiones de familia» / «I.M.T.»

Miserias comunes

Vayamos primero a «Cuestiones de familia». ¿En qué calle de Barcelona nació esta canción? ¿Qué calle o qué barrio te inspiró?
La ubicación esta vez sí sería fuera de Barcelona, pero también sería en Barcelona.

¿Una parte fuera y una parte dentro?
Sí, porque el punto de partida es el divorcio de mis padres.

¿Qué edad tenías en ese momento?
La primera vez que mis padres se separaron tenía dos años. Y la segunda vez —porque luego lo intentaron de nuevo—, diez. Cuando tus padres se divorcian y todavía eres pequeño, creo que hay un clic que te saca de la infancia. Darte cuenta de que los adultos de tu familia tienen sus problemas particulares. El siguiente clic, emparentado con este, es darte cuenta, años después, de que tú también has pasado por momentos en los que todo ese alto concepto que tenías de

ti mismo se ha tambaleado. Eso te reconcilia con tu pasado, con tus mayores. Somos una cadena de errores y aciertos. Cada error que cometes te va reconciliando más con tus padres.

Empiezas a entender sus errores...

Exacto.

Primero eres hiperintransigente porque todo es puro, todo es ideal y cualquier realidad que supone bajar al barro (y tus padres son los únicos que han bajado al barro) no la comprendes. Pero cuando tú tocas barro, dices: «Lo entiendo». La vida mancha.

Somos crueles con nuestra familia y muy condescendientes con nosotros mismos. Eres un pequeño dios puro y muy cruel en el sentido de que juzgas a las personas de una manera extrema. De pequeño tienes un criterio moral absolutamente intachable, y luego te vas dando cuenta de que la vida no es, ni mucho menos, blanca o negra. Todo eso es un proceso, es un tránsito, es una aceptación, y luego viene el proceso de identificación con el error ajeno y también de los progenitores. Pero pasas una época en la que, sin saberlo siquiera, cometes pequeñas venganzas hacia tus padres.

Involuntarias o inconscientes.

Completamente involuntarias. No son racionales.

La vida es esto: casi siempre queremos ejemplos, y son más antiejemplos de lo que no queremos. En la vida, más que inspiradores tenemos...

... coaccionadores.

Sí. Que no queremos seguir para nada sus pasos. «Cuando sea mayor, no haré eso».

De alguna manera, ese es el punto que debes saber interpretar cuando eres mayor y ya tienes tu propio código moral, cuáles son las cosas que te han dicho: «No vayas por ahí porque vas a hacer lo mismo que X», pero tal vez eso que quería hacer X está bien para ti, y a partir de los dieciocho, diecinueve, entendiste perfectamente por qué lo hizo. Hay todo un sistema moral, ecuménico, judeocristiano, que ha valido para que las familias tengan un sistema organizativo estable. Y que la sociedad se organice en un nivel fractal desde el núcleo más pequeño, que es el familiar.

Jodidocristiano…

Exacto. *Jodidocristiano* más que judeocristiano.

La familia como metáfora de la sociedad, como primer núcleo de la organización social.

Eso es realmente un ideal que hasta cierto punto todos tragamos, pero luego te vas dando cuenta de que los cimientos en los cuales se sustenta la burguesía son mentira. Y esto ya lo decía en *El hambre invisible:* cuando rasgas las paredes que decoran un edificio burgués, lo que te encuentras detrás es humedad y moho.

Es un decorado lujoso que tapa la miseria. En el fondo tiene apariencia de normalidad para tapar la anormalidad. Y apariencia de algo sano para tapar lo insano. Lo estético y civilizado enfrentado a la pulsión más primaria.

En realidad, lo que es propiamente insano es la estructura tal como está. Por ejemplo, la fidelidad. Si eres fiel porque no tienes opción, es decir, porque, siendo bestias, no se te come ni el ácido sulfúrico, pues ya me dirás tú qué mérito tiene. Si eres fiel por cobardía, pues tampoco lo compro cien por cien. Me refiero a que hay pocas fidelidades honestas. Yo, a partir de los diecisiete años, ya tuve una variedad más extensa de relaciones que la que habían tenido mis padres durante toda su vida. En realidad, y pensando en ellos, cuando una pareja se conoce a los trece años, lo lógico es que vaya mal. Si ya pasa hoy en día con gente que ha vivido intensamente, ya me dirás.

Tenían todos los números.

Absolutamente, pero «Cuestiones de familia» no va exactamente de esto. Sería quizá una especie de caldo de cultivo que he ido reflexionando con el paso del tiempo. Trata sobre una cuestión que todos los hijos de padres divorciados, de alguna manera u otra, han experimentado. Hablo de ciertos patrones conductuales…

¿Cuándo nace esta canción? ¿Cuándo la haces?

La incluyo en *1999*, que es un disco que habla de una relación, pero también quería incorporar ese momento ajeno a su vida como pareja: el ambiente que respiraba cada uno en su propia casa. Digamos que cada uno de ellos pertenecía a familias un poco desestructuradas o directamente caóticas y, de alguna manera, estaban repitiendo procesos. Es evidente que tomé prestado de mi vida, y de la de mi pareja.

Repitiendo patrones.
Sí. El estribillo dice: «¿Sabes a quién te pareces?». Ese «¿sabes a quién te pareces?» es un arma arrojadiza que los padres divorciados lanzan a los hijos.

Es una frase muleta muy típica de padres separados con hijos.
Muchísimo. Y quizá me equivoco y también se usa en los matrimonios que siguen casados, lo que pasa es que si dices: «¿Sabes a quién te pareces?», generalmente no va dirigido al hijo, sino al cónyuge [risas]. Lo estás desacreditando, y una familia intenta darse ese margen de autoridad y confianza recíproca para que los hijos vean que son un equipo que trabaja conjuntamente. Cuando unos padres están juntos, es poco recomendable que la madre diga que no a algo y si los hijos van corriendo al padre, este diga que sí porque quiere pasar como el bueno de la pareja. Tienen que mantenerse en una misma línea de opinión, o al menos es lo más aconsejable. Pero cuando el equilibrio se rompe, ay. Por otro lado, cuando el hijo muestra en público algunos rasgos de carácter que recuerdan a tu expareja, entonces se producen comentarios como: «¿Sabes a quién te pareces?». Me refiero a esas separaciones en las que no ha quedado ni siquiera una relación posterior de amistad, cuando hay una especie de ponzoña interior por parte de los dos que hace que cada vez que se habla de la otra parte, en un ochenta por ciento de las ocasiones se hable en un sentido negativo.

Destructivo y descalificativo. O sea, «¿sabes a quién te pareces?» se utiliza cuando en este gesto, palabra o actitud negativa eres igual a mamá o a papá.
Exacto. Al final, en mi fuero interno, en mi inconsciente, pensé: «Ni lo uno ni lo otro. Voy a buscar una tercera vía, el modelo bohemio, el modelo artístico».

Y es un escape a la vida burguesa. ¿Como si la bohemia fuera la verdad y la burguesía, la mentira?
Completamente. Yo dejé de estudiar. Estaba estudiando Psicología en la universidad, pero incluso le cogí una cierta tirria por el hecho de estudiar una carrera, porque, de algún modo, me veía destinado a ejecutar una especie de orden de *software* que implicaba perder el tiempo durante cinco años en una carrera no vocacional.

¡Como una orden de *software*!
Sí. Que se activa y… ¿sabes? Entonces, a partir de ahí, la letra dice: «Nunca te callas, vuelves a insistir», que es como una especie de reproche teatralizado. «Ya ni respetas los días como hoy. No nos reunimos para debatir cuestiones de familia que del antes pasan al después. Especialista en aumentar la tensión, tanto si callas como si hablas por dos». Hablo de esa pulsión del hijo de divorciados por boicotearlo todo. Cuando conoces a otros amigos en la misma situación, detectas que tienen patrones en común contigo, u otros nuevos que a la postre alimentaron la letra de «Cuestiones de familia». Por ejemplo, ser testigo en casa de un amigo

con padres divorciados de esta típica escena de huir a la habitación cuando se inicia una reunión «familiar», realmente insufrible, en las cuales mi amigo empezaba a mezclarse con gente, nuevos entes, hermanos postizos, abuelas postizas, etcétera. Yo imaginaba una de estas reuniones y decía: «Tengo un plan. Digo: "Lo siento, ya me han vuelto a llamar". Y me levanto haciendo ver que es verdad. Simulacro de evasión, en mi antigua habitación. Y una voz me dice: "Ven ya, no te hagas notar. Hoy no, hoy no"». Y luego dice: «¿Cómo hablar y estar ausente? Es mi actitud. ¿Cómo hablar y estar ausente? Dímelo tú. ¿Sabes a quién te pareces? Yo no quiero parecerme. ¿Sabes a quién te pareces con tu actitud?». Y al final: «Y ahora tú, preguntas si aún te aprecio y yo pretendo desviar la atención diciendo que esta no es la cuestión. Solo son cuestiones de familia, son comunes por definición, en tablas el rencor y el perdón». Y creo que incido bastante en que cada frase tiene una fuerza muy elevada, porque son frases más o menos literales.

A partir de la experiencia.

Sí. Y teniendo en cuenta que, insisto, describo una situación que no juzgo. «Y ahora tú preguntas si aún te aprecio y yo pretendo desviar la atención diciendo que esta no es la cuestión». Porque hay un momento en que muchos hijos de divorciados, sobre todo cuando tienen veinte años o más, hacen una especie de desconexión emotiva con sus padres, y de ahí surgió un desarraigo, un alejamiento bestial, porque, como he dicho al principio, no sabía realmente cómo afrontar el perdón. Porque, cuando eres adolescente, te crees el centro del mundo…

¿El perdón de quién hacia quién?

Es un perdón tácito, nunca expresado. Podría definirlo como: «Os podríais haber entendido entre vosotros un poco más». Esto fue hasta que llegué a la adolescencia. Era un punto de vista terriblemente egoísta, egocéntrico.

O sea: «Chicos, podríais haberme hecho una vida más amable y más fácil a mí. Vuestras vidas en función de mí, que soy el hijo».

Claro, exacto.

O sea: «Vosotros jodeos, pero hacedlo bien por mí».

Por ese motivo, «Cuestiones de familia» es la visión de un adolescente. O de un veinteañero. Todo el disco, de hecho, parte de esa visión. El adolescente es un pringado por naturaleza. Está cerca de sentirse adulto, pero no puede votar. Tampoco puede decidir nada. Si unos padres deciden cambiar de residencia, el adolescente únicamente puede joderse. De eso intento hablar en otro de mis libros, en tono de humor. Ahora, y visto con el paso del tiempo, los hijos de los separados aprovechamos el hecho de vivir en dos casas. De escaquearnos…

Sacáis alguna ventaja de lo que podéis.

El punto de no retorno ya ha llegado a casa de mi madre, pues ahora es el momento de hacer el cambio, porque ahí todavía no están cansados de tus rebeldías. A partir de ese momento, vas encadenando una especie de mudanzas continuas para ir burlando un poco a la autoridad.

Un cierto escapismo...

Un escapismo total, donde la figura autoritaria pierde el sentido.

Desarmas a la autoridad, la deslegitimas.

Sí. Y nunca he sido una persona que les habría dicho nada en el sentido de «podríais haber continuado», en absoluto, no soy idiota. Pero, básicamente, lo que no entendí es por qué diablos se habían casado [risas]. Fue algo casi orquestado por dos familias burguesas, y la verdad es que debería estar agradecido, ya que de no haber sido así, ahora mismo no estaríamos hablando.

Entonces, esa visión, digamos romántica, de lo que debería ser el amor se les negó, tanto a él como a ella.

En aquella época no tenían derecho a experimentar. En lo que a mí respecta, creo que hay otras cuestiones de familia que también me marcaron. Por ejemplo, el éxito de mi abuelo paterno, del que se hablaba muchísimo en mi familia, esa mitificación del patriarca familiar, sumado al matrimonio de mis padres, creó en mí una especie de presión. El éxito como manera de justificar tu venida al mundo, buscar la aceptación, redimirlos. Ser el nieto digno de aquel abuelo mitificado. Ser el hijo que justifica un matrimonio roto.

No todo fue un *fail.* Han parido un ser significativo.
Es increíble, pero sé que hay algo de cierto en lo que estoy diciendo. Nos dominan pulsiones incontrolables, en realidad.

Y eso es interesante porque tu lucha, tu esfuerzo, tu trabajo, tu carrera, los justifica un poco a ellos. Ya que lo mencionas, háblame de tu abuelo paterno.
Vaya por delante que las familias tienden a mitificar demasiado sus momentos de gloria, a sobredimensionar las cosas. Mi abuelo inventó una patente industrial textil que vendió en todo el mundo, incluso en Inglaterra, la cuna de aquella industria. Digamos que fue un protegido-asociado del conde Güell de la época. Tú también sabes lo que significa tener un antecedente con un nombre.

Pesa mucho.
Y es casi una tarea doble, ¿no? Tienes que autojustificarte un poco más. En mi familia, después de la figura del gran abuelo, parecía que hubiera la nada, el desierto, la decadencia. Notas esa presión del triunfo, es un *input* que te han puesto desde muy pequeño.

Un peso en la espalda, ¿no? Es un gran peso.
Sí, la figura del abuelo era omnipresente, intocable, incluso años después de haber fallecido. Estaba muy presente en cuadros, fotografías, anécdotas. Era de aquellas personas que, cuando mueren, nadie es capaz de cambiar una sola silla del mobiliario. Recuerdo que una tarde estaba estudiando en su despacho, ya que era

el lugar de la casa donde me concentraba mejor, y mi primo mayor me decía: «¿No lo percibes? Aquí se nota que trabajó alguien con muuucho coco» [risas]. Recuerdo ahora una cosa bastante curiosa: la marca textil que era la competencia de la de mi abuelo pertenecía a una familia también catalana llamada Casablancas, cuyos orígenes burgueses estaban mucho más asentados en el tiempo. Era el abuelo o bisabuelo del cantante de The Strokes. Pero ellos siempre ganan [risas]. Siempre. Volviendo al tema principal, creo que el proceso de reconciliación con el pasado de tu familia, de sus debacles internas, puede ocupar toda una vida. Poner en orden las piezas del puzle. Esta canción, de alguna manera, encaja con «I.M.T.», o Incapacidad Moral Transitoria. En la época de Franco, cuando los matrimonios se daban cuenta de que les faltaba algo por vivir o lo que fuere, sin la ley de divorcio ni nada que los protegiera, estaban obligados a...

... Forzados, digamos, a presentarse para algunas asignaturas que habían dejado pendientes: las relaciones con más gente. Hay una parte que va más allá del individuo, y tú ya hablas de una parte como superestructura social, ¿no?

Sí.

O sea, hay una parte de franquismo, hay una parte de sociología, más que de psicología. Hay una parte sociológica que los obliga a hacer ciertas cosas, ¿no? O a tener ciertos patrones de comportamiento.

Lo de la clandestinidad no solo era publicar folletos antifranquistas, sino a veces tener una doble vida. Y, aun así, ha pasado el tiempo, décadas, y hay asuntos que todavía no están del todo resueltos en nuestra sociedad, que llevan a… Lo que pasa es que ahora se llega al divorcio muchísimo antes y, a mi parecer, hay una sensación a veces excesiva de lo que es la autonomía de cada uno. Para mí, una relación duradera, aparte de en el amor, está muy basada en el ceder, te lo tengo que decir. Y cuando no se cede en nada…, mejor que vivas solo.

Intransigencia total. Porque estamos otra vez en una especie de purismo y de idealismo de que es o todo o nada. Somos supertransparentes, nos amamos, nos deseamos sexualmente, tenemos una amistad increíble, todo es un mil por mil. O es todo o nada. Si hay un pequeño desquicio, una duda, una mala tarde, lo dejamos ya.

Sí, a mí también me da esa sensación.

Es una locura.

Yo creo que está un poco relacionado con la sensación de un ateísmo bestial en el cual, o eres feliz ahora, o no te creas que lo vas a ser luego. Hay mucha prisa. Lo cierto es que, aunque exista una vida en otra dimensión y que seamos plasmas, en esa no vas a poder vivir el mundo de la pasión carnal.

O follas ahora o no follas nunca.

Exacto [risas].

¡Ese es el gran tema!

La madre del cordero.

Y es más: o follas ahora y con gusto, con placer, o no follas nunca, o bien te condenas a follar sin ganas, que no sé qué es peor.
Ahora mismo estaba pensando que los hombres tenemos la tendencia a quejarnos de la falta de cantidad, pero, siendo sinceros, cuando tú no quieres, te quedas viendo una serie un rato más. Vamos, que a un tío tampoco le apetece todos los días. Eso también es un tópico que nos hemos impuesto nosotros mismos. Pero, en definitiva, sí, todo lo que habías pensado que a ti no te iba a pasar, porque tú vivirías en un estado de democracia y tendrías libertad social para poder decidir, se ha convertido en un dilema para el hombre y la mujer modernos. Bueno, hasta qué punto ahora me estoy dejando llevar por la moda de que hay que cambiar cada X tiempo de pareja... Cuando empezaron a salir esos artículos hace dos o tres décadas de que la pasión desaparece al cabo de dos años, ahí todo el mundo se sintió aliviado y pensó: «¡Ah, nos pasa lo normal!».

No es un tema personal, estamos todos igual.
Exacto. Al final lo más importante es la lealtad y, sobre todo, reírte con tu pareja. Y, a poder ser, reírte mucho. Luego vienen las neuras particulares de cada uno-una, conductas tuyas o de amigos tuyos que dan para canción. Todos estamos rodeados de parejas que van y vienen y que dan para canción o un álbum entero.

Dan para canción. Es decir, «me has contado lo tuyo y da para canción».

Correcto [risas]. Puedo documentarme a partir de experiencias personales o de situaciones que ha vivido gente de mi entorno. Sin ir más lejos, «Me llaman Octubre» habla de una tristeza infinita que un día un buen amigo me explicó: en definitiva, me dijo que lo había dejado con su pareja porque la quería demasiado. Eso sería un ejemplo en el plano romántico y bello. Pero está el aspecto absolutamente inmaduro, por ejemplo, aquel amigo que, para su desgracia, ha ido a topar con una persona de treinta y pico cuyo cuelgue correspondía más a una mentalidad de diecinueve años. Posturas ridículas por su anacronismo. Como una involución, un infantilismo. O esas personas con tendencia siempre a enamorarse de imposibles y que, cuando consiguen a ese imposible, al rato se aburren y acaban enamorándose de otro imposible. Porque hay una cierta parte de la población que tiene esta necesidad casi autodestructiva o romántica de buscar aquello que no puede funcionar, porque es como una manera de ocultar su verdadera incapacidad de afrontar la rutina.

Me busco a la gente que no quiere amarme porque entonces no es culpa mía que yo no funcione en el amor. Y luego también hay mucho victimismo en el amor, ¿no? Yo soy víctima del amor, no lo disfruto, sino que lo sufro.

Lo odio. Lo odio a muerte. Lo puedo considerar válido hasta una edad. A partir de cierta década es imperdonable. Generalmente, ponemos demasiada presión en la pareja. De manera ingenua, durante los primeros años, soñamos con que colme todas nuestras necesidades, y esa presión es inaguantable. Deberíamos buscar más en nosotros mismos. Tu pareja no tiene por qué llenar todos tus vacíos. Hablando de un vacío sexual aparece «I.M.T.», que trata del deseo entendido como un momento de pérdida de control, el placer y la culpa, aunque el tono del tema es completamente desenfadado. Una reconciliación con la naturaleza humana a través del humor. Hacer hincapié en que el sexo es maravilloso.

O sea, una gran comprensión de todo.

Sí, una relativización de lo que son las relaciones humanas. Porque un poco de ojeriza sí le he cogido al amor romántico, me refiero a aquel que acaba en desastre. No el romántico de ternura. La ternura, siempre a favor.

Hablas del romanticismo clásico. El torturado que se tira del puente.

Nadie vale tanto la pena como para que te tires al río. Y no existe la media naranja. Existe un cuarto de naranja.

Y, en el fondo, tú lo que querías era tirarte al río. Y lo del amor que no funciona es la excusa para tirarte al río.

Posiblemente. Porque, en el fondo, lo que no funcionaba eras tú. Estabas vacío.

Hay una autolesión, hay una autodestrucción. Y el amor es la coartada. El amor es la excusa.

Y te lleva a pensar en una franca carencia de autoestima a niveles muy bestias. Puedo entender perfectamente echar una cana al aire, buscar un momento de pasión, probar carne nueva, oler una piel diferente. Es un asunto pendiente de resolver, y me temo que tenemos el concepto de «propiedad» demasiado arraigado. Son miles de años comportándonos de una manera determinada. Me refiero a que sería ideal llegar un día a casa y preguntarle a tu pareja: «¿Qué tal te ha ido el día?». Y que te contestase: «Muy bien, he echado un polvo increíble con el director del banco, me he corrido tres veces», y tú contestaras: «Guau, cómo me alegro por ti, amor, he preparado *pizza*» [risas]. Pero no, no estamos preparados aún. Todo esto genera neurosis en nuestras cabezotas, pero al final llegas a la conclusión de que no puedes cambiar el comportamiento humano de la noche a la mañana. Este tipo de revoluciones, es decir, salir del patrón estándar, exigen prueba-error, volcar, pasarse de frenada o de acelerada. Y eso que en la infidelidad hay dos responsables casi siempre, cosa que pocas veces se dice. La canción «I.M.T.» no habla de la infidelidad *per se,* sino de estar dominado por esa pulsión, sea el formato que sea. Hay una atmósfera de eternidad en el acto sexual que enlaza con la religiosidad, el no-tiempo, y es curioso, porque *a priori* son conceptos antagónicos, pero es así. Lo primario y lo más espiritual se unen por los extremos, y a mí me parece fetén, porque en la vida es más fácil llegar al placer de una manera epidérmica que espiritual, seamos realistas. «I.M.T.» habla de cuando te sientes poseído por el deseo, como una mantis macho que acude a la llamada aun intuyendo que no ha visto a ninguno de sus primos mayores regresar con cabeza tras estar con una hembra [risas]. «I.M.T.» habla de cuando eres capaz de hacer o decir todas las cerdadas posibles porque todo está permitido, porque las normas de la vida ordinaria, como en el arte, no sirven encima de un colchón, o en el lavabo de una discoteca. Joder, recuerdo que, cuando en mi pubertad empecé con el onanismo ilustrado, pensé que no sería capaz de hacer nada que implicara dedicarle un tiempo, una dedicación total, ya fuera un libro o grabar un disco, ya que cada dos por tres tenía que encerrarme en el lavabo y saciar la necesidad de El Otro, entendiéndolo ahora como el pene. ¡Sus continuas exigencias de atención! Su «optimismo». Hubo un día, creo que tenía unos quince años, que pensé que sería aconsejable castrarme, porque me hacía perder mucho tiempo, no hablo del tiempo del lavabo o la ducha, sino del tiempo que pasaba deseando. A cada diez metros me enamoraba vilmente. Me quería tirar a la misma vida.

Me gusta la frase. Y con respecto a lo de la castración, puede que todos lo hayamos pensado alguna vez. Hay un libro muy divertido de Alberto Moravia, *Yo y él,* que habla de esa relación entre la persona y su pene. Al final deciden de mutuo acuerdo separar sus caminos. Lo leí con diecinueve años y me alivió. En eso consiste a veces el arte: congraciarte con lo que consideras que son tus miserias y darte cuenta de que son comunes.

Kilómetro 7

«El poeta Halley»

La parte inferior del reloj de arena

Al leer tus letras, supongo que mucha gente cree que piensas en términos poéticos.

Ni por asomo. Veamos: no soy un cateto, pero tampoco un intelectual. Seguramente hay gente que cree que siempre debo de andar leyendo, y nada más lejos de la realidad. En líneas generales, observo y absorbo, como una esponja. Pero sí que reconozco que «ese tipo» que compone, el que me posee, tiene momentos talentosos. Lo que pasa es que ni siquiera puedo atribuirme el mérito, porque, como ya he mencionado en otra ocasión, simplemente sucede, como un médium, una antena o un intermediario. Así pues, el éxito no lo siento del todo mío; a veces, cuando tocamos delante de miles de personas que cantan nuestras canciones, tengo la sensación de que canto temas de «ese tipo que a veces me visita». Supongo que una parte de ese «Otro/Otra» que me posee está dentro de mí y otra parte está fuera.

Y digo Otro/Otra porque mi parte femenina está ahí, vigente, en mi acción creativa. Sé que algún día esa inspiración se esfumará. Por mi culpa, o por razones estrictamente neuronales. En la canción «En busca del mago», imaginé la inspiración como un ente atemporal, eterno, que se sirve de algunas personas para expresarse, y que va cambiando de receptor, considerando al receptor como el autor. Porque el autor es el primer receptor de algo que viene de afuera.

Eso entronca con la idea de las musas clásicas.
Por supuesto. Hay algo externo, y lo que cambia es el sujeto que recibe la inspiración. Creo que hay fuerzas ahí fuera, caóticas, que tienen una necesidad de poner orden a la entropía o caos, como extraer una fuente de energía de la materia oscura. Ya sé que esto que cuento es jodidamente metafísico, pero así lo creo. Y esa inspiración puede serte leal durante un tiempo, pero también puede abandonarte por otra persona. Supongo que esa musa busca la ilusión. Y esa ilusión muchas veces está más en la juventud que en la madurez, donde puedes caer en el peligro de trabajar por inercia porque te sabes los trucos, o sencillamente porque ya has ganado tanto dinero que únicamente te dedicas a disfrutar de la vida. Las musas buscan atrevimiento, nuevas formas. Creo que son infieles por naturaleza, ya que conocen el lado rutinario del humano. Hace poco vi un documental donde aparecían The Clash, Sex Pistols, unos primigenios The Police. En todos detectas un atrevimiento que va más allá de sus capacidades

reales. Ves a tipos que quizá no están componiendo el tema por el que serán conocidos, pero percibes que se lo pasan bien tocando juntos, y no tienen miedo a ser ellos mismos. Ese atrevimiento es parte de la juventud, y las musas acaban premiando esa ilusión. Luego vienen los miedos: a superar el último disco, a seguir la senda que te ha llevado al éxito… En definitiva, el miedo a decepcionar acaba, en realidad, decepcionando. Y esa musa acaba cambiando de dueño, cosa que, dicho sea de paso, me aterroriza con mayúsculas. Fue un tema del que hablé en la canción «En busca del mago». Al final, la inspiración, simbolizada por un pájaro en la canción, acaba, no sin pena, dejando al mago; de hecho, es el propio mago quien le abre la jaula, ya que tiene la sensación de que su momento como ilusionista ya ha finalizado y presiente la muerte. El pájaro se entristece, lleva mucho tiempo con el mago, pero, de repente, se acuerda de su inmortalidad. «Y el ave se acordó: ¡nadie es de nadie! También se convenció: ¡debe haber otro mago allí! Y el mago treinta y dos, en el nuevo cine, de su alma hizo salir un ave de alas grises. El público aplaudió, temblaba el teatro y el pájaro inmortal, olvidó al otro mago».

Es bonito, desde luego. Esa imagen de dejar ir lo que te ha dado sentido y te ha definido.

Y no hemos hablado del factor error, pero en la creación también es importante. De repente, pones un dedo encima de la guitarra que no corresponde al acorde que querías hacer y ¡bum! Debes estar alerta incluso con los errores, porque también pueden abrirte puertas. Dejarte sorprender. De esta manera, la musa piensa: «Este tipo no ha convertido su esponja en cemento» [risas]. Lo importante es no tener un plan demasiado establecido y estar abierto a la posibilidad, hasta el último momento.

Hasta que ya no hay manera de soltarle a la discográfica que el disco aún no está acabado.

Eso mismo. Luego están lo que en inglés se llaman *deadlines,* es decir, la fecha límite para entregar tu trabajo. Antes, cuando era joven, odiaba las *deadlines.* Ahora mismo, debo reconocer que las agradezco. Hay un momento en el que tienes que parar, muy a tu pesar. Porque la canción perfecta no existe. Gracias a Dios.

Vayamos a «El poeta Halley», otro tema que también habla del proceso creativo.

Antes he hablado de la frustración que conlleva encontrarse con profesores desmotivados. Es casi como pasar un virus de la apatía, y el problema es que lo contagias a treinta chicos y chicas. El caso es que también hay profesores buenos. Me viene a la cabeza Antonio, nuestro tutor en sexto. Nos hacía vivir la música o la literatura con una intensidad que al final nos acababa contagiando. Recuerdo que ponía la obertura de *Carmen* de Bizet y nos decía: «Imaginaos ahora a ese cuerpo de caballería entrando en la ciudad, la música lo está expresando, ¿lo veis?». Y nosotros, por supuesto, asistíamos a sus clases con la boca abierta. Era muy joven. Recuerdo que a medio curso tuvo que irse para empezar el servicio militar, imagínate lo joven que era, e hicimos una manifestación. Qué lástima que la mayoría de los profesores, sea por un tipo de desmotivación progresiva o por otras cuestiones, dejen en ti un poso más bien tragicómico. Estoy seguro de que mi amigo Ramiro estudió Filología por su influencia, y yo me dediqué a la música en parte por ese tipo de poso que Antonio dejó en nosotros. Ahora mismo, en algunas clases de lengua se estudia «El poeta Halley». Intentan que los alumnos saquen sus conclusiones de esa canción. No sabes la ilusión que me hace imaginar a algún profesor llamado Antonio o Maribel intentando ilusionarlos con la escritura a través de «El poeta Halley».

Es un tema especial.

Sí. Como dirían en inglés, es uno de nuestros *highlights,* y precisamente porque tiene una forma que lo aleja de una canción propiamente dicha. En realidad es una canción que empezó al revés, primero con la parte instrumental donde Serrat recita el poema «Palabrera». Y, a partir de ahí, intenté rebobinar.

A veces es importante empezar algo sabiendo cómo será el final.

Sí, aunque eso ocurre mucho más en el proceso creativo de un libro, donde te recomiendan encarecidamente tener claro cómo va a acabar la historia. En la letra de la canción hablo de la volubilidad de la inspiración, de la persecución constante a la musa, y de aprender que no hay que exigirle, sino, simplemente, quererla.

«Me atraparás al vuelo, y nunca en la pared, y si me dejas aire en tus líneas dormiré. Palabras de una musa, de baja maternal». Es decir, me atraparás al aire, porque la inspiración siempre anda por ahí, flotando. Y si me dejas, aire, es decir, no seas pesado. No te conviertas en un *stalker* de las musas. Simplemente ámalas sin pedirles nada a cambio. Ya vendrán mientras estés trabajando.

En definitiva, no hay que obsesionarse.

No. Hay que tener una cierta ética del trabajo, autoexigirte. Y, luego, tener la esperanza de que la musa visite a veces la casa de este pobre mortal. Ah… Recuerdo que me faltaban un par de versos para rematar la primera parte y no acababa de encontrar «eso». Y resulta que me di cuenta de que precisamente debía hablar del bloqueo. Julián también tuvo mucha responsabilidad en eso, ya que a su manera intenta provocar estados de conciencia que nos sirvan para crear. Te pongo en contexto: en aquellos momentos, tenía la sensación de que no podía abordar la temática del amor desde más ángulos. Estaba realmente angustiado. Hablaba con Julián y le decía: «Tío, cada letra que hago me suena a algo que ya he hecho previamente». Veníamos de *1999,* un disco que era la historia de un amor, y luego *La noche eterna. Los días no vividos,* que también entra a fuego en el tema del desamor, la soledad, la alienación, la toxicidad… En aquellos discos me quedé a gusto, sinceramente, en cuanto al amor como temática. Un día, Julián, que es una especie de chamán, me dijo:

«Bueno, pues podrías mirar qué te sale si te centras en el tema de la no-inspiración». Me pareció un punto de vista bastante correcto. Hasta que un día, por la noche, me vino como del espacio exterior un nombre: «El poeta Halley». Y volví a decirme: «Eureka». Iba a centrarme en un personaje que esta vez sería el *alter ego* poético que todos, en mayor o menor medida, llevamos dentro. Y, por supuesto, aquello me llevó a hablar de la inspiración, como en «Planeador». Poco a poco, me di cuenta de que seguía hablando del amor, pero desde otro ángulo que desconocía. El amor hacia las palabras. Porque usamos las palabras para hablar del amor hacia otra persona, pero raramente hablamos del amor hacia las palabras, la música.

Amor al arte.

Correcto. Entonces escribí «Palabrera», que es como se llaman los versos que recita Serrat. En un principio, los iba a publicar en un libro de poemas, pero pensé: «Qué diablos, si esto lo recitara Joan Manuel en una canción, sería la bomba». Recuerdo que, en caso de que nos hubiera dicho que no, teníamos una segunda opción, Pepe Sacristán, porque su voz es simplemente flipante.

También lo habría hecho genial.

Claro. Pero, mira, el apego que, como catalanes, tenemos a Serrat es muy fuerte. Porque lo hemos seguido tanto en sus inicios cuando cantaba en catalán como en su cambio al castellano. Y en ambos idiomas ha dejado canciones eternas.

Esa «Palabrera» es un homenaje al mundo de las palabras en toda regla.
Curiosamente, a raíz de esa conversación con Julián, de repente el bloqueo se convierte en algo positivo. Incluso tengo la santa desfachatez de usar ese bloqueo en la letra con un «rebuscando en mi almacén esa palabra, cónsul de mi timidez, ojalá encuentre la forma, más me vale, tengo un tema que acabar».

Hacer de la capa un sayo.
En realidad, la primera parte de la canción es un bombardeo de sentimientos. Ese tema lo tiene todo. Reflexiones como «En la autopista de la vida si te saltas la salida hay que esperar», hasta llegar al cenit emocional con «Pronunciaré esperanza, la gritaré por dentro si es lo que hace falta, la escribiré mil veces, me alejaré de espaldas», o recuerdos camuflados, por ejemplo «Como un ángel hallado en un ascensor, ¡qué bien funcionas como recuerdo!», porque digamos que conocí a mi mujer en un ascensor. Bueno, segundos antes en la calle, pero sí, entramos juntos en ese ascensor y el silencio se podía cortar con un cuchillo [risas]. Me parecía bonita la imagen de un ángel, quien, supuestamente, puede volar, cogiendo un ascensor como el más común de los mortales. Te juro que cada vez que canto estas frases, algo en mí se rompe.

Luego viene la parte de Serrat.
Le envié el poema y me pasé quince días sin tener noticias. Ya daba la historia por perdida cuando me escribió y me dijo: «Nanu, aquest poema m'agrada molt».

Luego llegó al estudio de grabación y bien, la verdad es que andábamos todos realmente emocionados. No sabíamos dónde meternos. Creamos un ambiente a media luz, no sé por qué diablos lo hicimos, pero en aquel momento pensamos que era lo correcto, una atmósfera de primera copa con alguien. Joan Manuel me corrigió una preposición. Obviamente guardo el papel con su corrección a boli, supongo que lo venderé en subasta algún día [risas].

Digamos que era el culmen absoluto de un disco que, curiosamente, empezó con un momento de crisis bestial.

Sí, hay una paternidad doble en esa canción. Recuerdo que cuando lo escribía, pensaba en mis hijas como si fueran palabras, por eso tiene ese toque infantil. «A veces les pongo a mis palabras diéresis de colores imitando diademas». Tiene partes de poesía visual. Y, ciertamente, habla de ese momento en el que te abandonan, como sucederá con mis hijas cuando se vayan de casa, que te sentirás solo. Lo mismo con las palabras. Porque han crecido, o, mejor dicho, la combinación que has hecho de las palabras ya pertenece a todo el mundo.

Eso es muy fuerte porque, a partir de entonces, la interpretación que hará cada uno será completamente incontrolable.

También ocurre algo muy curioso: las palabras, a veces, no acaban de expresar del todo la complejidad de tus sentimientos. Hay algo que siempre se escapa, y gracias a Dios, porque el día en el que alguien consiga plasmar al cien por cien sus emociones en una canción, ese día es probable que deje de crear. Por eso muchas veces me gusta crear unas cuantas canciones y dejarlas flotando en el aire, en el mundo de la probabilidad, de la esperanza de que sea el tema definitivo de mi carrera. Porque en el momento en el que les inserto la letra, tengo que resignarme a ser preciso, a eliminar versos que me habría encantado incluir, pero al estar en un formato de canción, debo ser una especie de genocida de mi propia escritura. Por eso las dejo en el aire, porque en el momento en que al final canto una letra definitiva, es como si las bajara al suelo. Digamos que la emoción es compleja, infinita. Y que las palabras son finitas. Te lo explicaría con una grafía que se parecería mucho a la forma de un reloj de arena. La parte superior es el mundo infinito de tus emociones complejas; luego, se va estrechando hasta el punto medio, donde insertas las palabras, que, como he dicho antes, son finitas. Pero después existe la parte inferior del reloj de arena, donde vuelve a ensancharse.

¿Qué representa esa parte?

Las interpretaciones infinitas que tendrá esa canción en el momento en que se publique. Infinitas, potencialmente hablando, porque dependerán de cada oyente, y es más, cada oyente sentirá esa canción de una manera diferente siempre, porque su situación va cambiando.

Así pues, el proceso es infinito-finito-infinito.

Ahí lo tienes. Muy *nerd,* ahora que lo pienso, pero es así. Debo decir que el disco es bonito. Y la canción es de lo mejor que hemos hecho jamás. Y, cuando la tocamos, a veces pienso en cómo empezó todo. Con una conversación con Julián en que le decía, precisamente, que no estaba inspirado.

Kilómetro 8

«Si salimos de esta»

Somos química

Esta canción, «Si salimos de esta», ¿a qué disco pertenece?
La noche eterna. Los días no vividos. Musicalmente, no estoy del todo contento, porque fue un disco doble con muchos temas, y algunos pagaron el pato de no haberles dedicado más tiempo. Error mío. Tiene un nombre: vanidad.

Estaban a medio cocer.
Sí, y fue un fallo por intentar demostrar que, después de *1999*, un disco que nos catapultó, no éramos flor de un día.

Y que teníais una productividad efervescente y brutal.
Exacto, y también pagó el pato porque desde que terminamos la gira de *1999* hasta *La noche eterna* pasaron ¡dos meses!, y se grabó un disco doble.

Era como: «Somos héroes». Era como una demostración de fuerza, ¿no?

Totalmente. Y cuando tuve el accidente en Valladolid, que me lancé de espaldas al público y la gente me cogió y me fue llevando hacia atrás, hacia atrás, hasta que los últimos que me llevaron hacia atrás se dieron cuenta de que luego no había nadie más, y me caí de espaldas como un crucificado desde dos metros de altura.

¿Dos metros? Eso os ha pasado a mucha gente que canta, ¿eh? Es muy peligroso.

Sí, gajes del oficio.

¿Estuviste mucho tiempo de recuperación? ¿Muy jodido? ¿Te rompiste alguna costilla o algo?

Mira, pensé que no, pero resulta que sí, me fracturé un par de costillas. Te cuento: hace un año, en la firma de libros de Sant Jordi, me viene un hombre y me suelta: «No te acordarás de mí, pero te atendí en Barcelona cuando tuviste aquel accidente en Valladolid. Te dije que no hicieras conciertos durante una temporada, ya que te habías fracturado un par de costillas. Pero ni me escuchaste». La cuestión es que el accidente tuvo lugar una semana antes de tres *sold outs* en Razzmatazz, en plena efervescencia de la banda. Así pues, cuando aquel traumatólogo me dijo que ni se me ocurriera poner mi cuerpo en esa situación, no le escuché, es más, borré el recuerdo, y no empecé a recuperar la realidad de aquella conversación hasta quince años después. Por lo visto, el doctor me dijo: «Si te quieres suicidar, adelante», a lo que le contesté: «Chútame lo que tengas que chutarme». Pues bien, fue Enantyum. De hecho, aquella caída también es el inicio del libro *El hambre invisible,* ya que me servía como metáfora perfecta para ilustrar aquel momento, entre el anonimato y el triunfo, entre la sensación de impunidad y el accidente existencial por el que tendrás que pasar como peaje obligatorio. A partir de aquí —y eso no lo explico en el libro—, me acuerdo perfectamente de que a Roger, nuestro técnico de sonido, el mismo día que tuve el accidente de Valladolid, lo llamaron y le dijeron: «Tu hija de dos años está en la UCI».

Hostia.

Y ese regreso en furgoneta fue un momento... No lo olvidaré nunca. Volví de Valladolid a Barcelona de pie en la furgoneta porque no podía sentarme. En los asientos de delante, Roger, con la cara absolutamente desdibujada. Había un silencio acojonante en esa furgoneta. Era el momento en el que la banda sentía que había despegado. No tenía fuelle en las costillas ni para cantar y, lo que sin duda era peor, algo que va más allá de la preocupación, la desolación de Roger, la cual, lógicamente, todos nos hicimos propia. Total, llevaba tres días en casa, postrado en la cama. Al cuarto día logro levantarme. Agarro la guitarra acústica y, créeme, entre lágrimas, escribo «Si salimos de esta». Este tema representa esa volubilidad, fragilidad, de nuestras vidas.

¿Cómo la plasmas en palabras?

Para mí es fundamental el inicio: «Si salimos de esta, te juro que no haré ni un gesto de emoción. Bastante duro ya ha sido, como para darle encima la satisfacción». No me recreo en el dolor.

Si salimos de esta, tenemos que hacerlo con la boquita callada y no brindar, porque la hemos visto tan cerca, y es tan traumático lo que está pasando, que quizá es mejor no celebrarlo, no sea que el karma te vuelva como...

No quieres caldo, pues toma dos tazas.

Te caerá un piano encima.

Como si no hubiera pasado nada. Disimulemos. Miremos hacia otro lado. Vayámonos echando hostias. «Tendremos que continuar, y aguardaremos en la fila donde cambian la ansiedad por ciclos de suerte más normal. Tampoco pides más. Son tantos los días de impaciencia, casi una eternidad». Y después sigue: «Si el volante se ha roto, y salir por la ventana es la única elección. Si son desiertos de fango, de aquellos que a cada paso es un millón. Tú saldrás de esta, créeme, y pronto entonarás pequeños cánticos, y en algún bar apartado, ahogaremos al espanto y nos pedirá perdón. Tu ansiedad, cederá. Como el rastro de un avión, se esfumará. Si tras el naufragio hay tempestad, nadie desertará. Tú sube a cubierta y ya verás, mil comandantes más».

La idea de naufragio.

Sí, parecía como si todo estuviera naufragando. Y entonces era como: «Eh, tío, si hay un boquete de agua, nos la beberemos».

«Pensaremos que es champán», ¿no?

Y no nos ahogaremos. Y estaba escribiendo esto con la guitarra, pero entre lágrimas, porque intentaba hablar de la camaradería. Nunca me había pasado, llorar a moco tendido. Esa lágrima que parece que va a salir siempre está, evidentemente. O esa sensación epidérmica. Pero llorar como un niño, no.

Claro, porque tú en la canción estabas diciendo: «Que no se me note el dolor», y estabas llorando.

Exacto.

Y no querías llorar, pero eso hacías.

Sí.

Y en la letra lo estabas haciendo consciente. Esa idea es muy potente.

Sobre todo pensaba mucho en Roger en la UCI con su hija. Cuando tienes hijos de esa misma edad, estas cosas te afectan un montón. Y fue muy curioso porque, después de toda esta película que me monté —todo terminó bien, la niña salió de la UCI, pude hacer los tres bolos absolutamente dopado—, al cabo de un año, estaba mirando un foro de pastilleros, no te lo pierdas [risas], y salió la medicación que me estaba tomando. En la conversación de esa gente, digamos que psiconautas, gente a la que le gusta experimentar con pastillas, uno soltó: «Enantyum ni de coña. Te pone ñoño, romanticón y ultrasensible hasta límites insospechados». O bien: «He llorado viendo un anuncio de Danone por culpa del Enantyum». Y, de repente, toda la historia que yo tenía en aquellos momentos se me cambió por completo. Y pensé: «¡Me cago en la puta!

¡A ver si yo estaba así de emocionado por la puta química!» [risas]. Pero no. A fin de cuentas, siempre somos química. Clarísimamente, no era el medicamento de marras, pero supongo que es cierto que, de alguna manera, me ayudó a sublimar mi tristeza.

¿Algún fan lleva tatuado «Si salimos de esta»?

Sí. En realidad, he aprendido a darme cuenta de que la banda es importante para muchas personas a raíz de ver tantos y tantos tatuajes. Volviendo a la canción, me alegra saber que hay gente que se la ha dedicado a un colega en momentos delicados para darle ánimo. En definitiva, hay canciones que, de alguna manera, cuando las escuchamos los miembros de la banda, sabemos en qué momento salieron y de qué hablan. Como «Noches reversibles», uno de los temas preferidos de Oriol, que habla de que estuvimos a punto de dejarlo como grupo, y seguir juntos supone una victoria.

Canciones que luego ves a parte del público cantándolas a lágrima viva.

En un momento dado, hay veces en las que tú no lloras por el hecho en sí, sino por la tensión que dicho hecho ha generado en ti. Una tensión acumulada que a veces puede descargarse en un concierto.

Hablando de cómo externalizar las emociones me viene a la cabeza Oriol. Lo he visto llorar en algún concierto.

Uri es de los baterías más emocionales que conozco, eso dice mucho de cómo vive las canciones, de cómo se las hace suyas. Una de las cosas positivas de la banda es que tenemos a un batería carismático. Su actitud tiene un punto de *frontman.* Así pues, como los equipos de fútbol al estilo de Johan Cruyff, donde la delantera empieza desde la defensa, tanto Oriol como Marc a las percusiones generan un espectáculo digamos que paralelo [risas]. Por otro lado, hay personajes más circunspectos, como Ricky, ultraconcentrado en absolutamente todo lo que sucede a nivel musical, y el más tímido, Jordi, quien te aseguro que es la persona más divertida de todos. En *petit comité* te mueres de risa con él. Sin embargo, en directo adopta una actitud del todo antagónica a la persona que conocemos en la vida real. Más concentrada, por decírtelo de alguna manera. Luego está Dani, quien externaliza su placer con una sonrisa y con el que me entiendo simplemente con una mirada, aunque, claro está, un teclista siempre tiene el hándicap de que su instrumento lo deja bastante estático. Y luego andamos Julián y servidor, un poco la punta de lanza. Cada uno expresa sus emociones a su manera, igual que no puedes pedirle a un público del norte de España que se exprese de la misma manera que el público mexicano porque, sencillamente, no se puede. Cada uno lo vive a su manera. Por ejemplo, yo, como público, soy muy catalán, es decir, me lo paso bien sin demasiados aspavientos [risas], así que nunca me encontrarás criticando a un público «parco en *acting*», porque yo también soy así.

«Si salimos de esta» es un canto de esperanza. En muchas canciones intento incorporar un hálito de esperanza, porque muchas cosas en esta vida no dependen de ti; así pues, tan solo puedes encomendarte a ella. *Esperanza* es una de mis palabras preferidas.

Kilómetro 9

«Club de fans de John Boy» / «Cosmos»

La alquimia lírica

Hay un grupo de temas que han sido emociones rarísimas en mi carácter, más o menos sosegado, y que tienen que ver con mi vida. Es decir, a lo largo de un año, todos los seres humanos pasamos por muchas emociones. Unas son como vehículos que transitan a velocidad de crucero en una autopista de tu normalidad. Otras, sin embargo, viven en el bosque más oscuro y se manifiestan de uvas a brevas. Unas son más habituales y otras más puntuales, pero la cantidad de veces que te sientas de una manera, curiosamente, no influye en la reacción que esa emoción pueda generar dentro de ti. Por ejemplo, a mí me cuesta horrores enfadarme. No sé vivir cabreado porque, cuando llego al límite, bueno, la verdad es que me convierto en un energúmeno [risas]. Cuando me ha sucedido, me ha sorprendido tanto que he tenido que plasmarlo en una canción, y te diría que para salir del estado de *shock* que me he autoprovocado. Digamos que la creación me sirve para comprenderme, o para convertir algo desagradable en belleza, como un proceso de alquimia. Sin embargo, este análisis que estoy haciendo parte de pensamientos que me surgen siempre *a posteriori.* Me muevo por impulso y luego me psicoanalizo. Por decirlo de otra manera, soy un creador de brújula y no de mapas. Un escritor de mapas necesita tener perfectamente estructurada una novela antes de empezar a teclear, cómo son los personajes, cuál es su pasado, cuáles son sus principales rasgos de carácter, y, evidentemente, cuál será el final de la novela. El escritor de brújula zarpa y no tiene mucha idea de su destino; a lo sumo, una orientación genérica, un tono.

Nunca partes de una idea determinada.

Jamás. Sin ir más lejos, «Cosmos» surge de una discusión muy estúpida que duró solamente cinco minutos, pero andaba tan encendido que en vez de empezar a destrozar muebles, me senté al piano y durante los siguientes cinco minutos compuse «Cosmos», un tiempo muy breve, como me sucedió con «Club de fans de John Boy». Surgió del tirón, de una manera totalmente impulsiva. Al final, la secuencia fue de diez minutos, cinco minutos de discusión y cinco de composición, que se envasaron en una canción de la misma manera que un fotógrafo capta una fotografía de un momento muy puntual, ese instante en el que un soldado vietnamita moría fusilado, o un oso polar que está a punto de zamparse un pescado. La emoción, puramente química, se comprime y envasa en una canción que luego el creador repite hasta la saciedad durante el resto de una gira. Pero no fue un proceso consciente, insisto. Pongamos el ejemplo de un niño al que sus padres lo han abroncado y que se larga a dar pelotazos contra una pared. Ese niño no ha racionalizado semejante reacción. Lo único que sabe es que necesita darle pelotazos al balón, de una manera obsesiva, hasta calmarse. Pues me sucedió lo mismo. Me senté en el piano como ese niño que da pelotazos. Obviamente, ese impulso tiene un aspecto curativo. Como ya he mencionado en otras ocasiones, la creación en sí misma, cuando no te importa ir a los extremos de tu personalidad, te equilibra en la vida real. Ahora, cada vez que empieza «Cosmos» en un concierto, no dejo de pensar: «Maldita sea, voy a recordar esa discusión estúpida el resto de mi vida», y, a la vez, si tengo el día flojo, vuelvo parcialmente a ese momento y no es demasiado agradable. Cuando estaba acabando de escribir la letra, sabía que eso sucedería. Por eso digo: «Hay días que una canción que habla de ti, le gusta a todo el mundo, menos a mí. Sé la razón, la entenderás. El daño es tan rotundo, ellos quieren más. Se lo vas a dar. Se lo darás». Eso es algo así como un pequeño sacrificio que hace un compositor cuando se rasga la camisa: cantar algo que le duele, pero que sabe que mucha gente quiere escuchar porque sirve como bálsamo para sus particulares heridas.

¿Y el compositor cómo lidia con eso?

Estableces una cierta distancia entre tú y la canción. El dolor ahora es una cicatriz. Te la miras mientras cantas. Tiene relieve, pero, definitivamente, ya no es una herida. Luego viene el momento rompedor, el «¿quién soy?», donde todo el público canta a pleno pulmón. Una cosa realmente curiosa es que, a fin de cuentas, ese «quién soy» es claramente el «Who am I?» que Roger Hodgson canta en «The Logical Song», así pues, otra cuadratura del círculo.

Probablemente haya mucha gente de tu público que cuando escucha «Cosmos» tenga heridas que no hayan cicatrizado.

Cada uno tiene sus tempos.

El poder curativo de la música. La catarsis como curación.

Exacto. Y el verso que dice: «Ellos quieren más, se lo vas a dar, se lo darás» me vino a la cabeza pensando en un artículo que leí de pequeño sobre Manolete. El escritor definía en su columna la evolución de la carrera del famoso torero en relación al riesgo. El público, por lo visto, enloquecía cuanto más se arrimaba al toro. Él sabía que aquello le iba a costar la vida. Y así fue. Un día se acercó demasiado. Cuando existe esa pornografía emocional en relación con acercarse al toro. Una canción como «Cosmos» puede dar a pensar erróneamente que el autor vive en un estado perpetuo de enfado. Esa deducción por parte del fan siempre me ha divertido, porque a mí también me ha pasado cuando pienso en mis ídolos. Si pienso en Robert Smith, me viene un concepto suyo a la cabeza que he creado a través de la escucha de sus temas, el tono de su música, aquello que desprende, y puedo llevarme a equívoco, al menos parcialmente. Pero es inevitable que piense que es un melancólico torturado. Sí, es probable que lo sea. Pero también hago el esfuerzo de pensar en Robert Smith viendo un partido de fútbol espachurrado en su sofá, sin nada más en la cabeza que levantarse a la nevera a por otra birra, y seguro que también sucede, porque no podemos olvidar que ha hecho temas alegres, auténticos *hits* que te alegran la vida. Pero la idea de Robert Smith abriendo una birra y mirando un partido de fútbol en su sofá no es algo que generalmente queramos tener presente. Tenemos la necesidad de crear leyendas, y esas leyendas no hacen cosas así, y me alegro de que generemos estos conceptos, por mucho que Instagram quiera dinamitar el misterio. Es fundamental imaginarte esos huecos de la vida de tus ídolos. No comulgo para nada con saberlo todo y a todas horas. Banksy, insisto en él. Es la antítesis de los tiempos y, curiosamente, es el tipo más libre que me viene a la cabeza, ya que no es esclavo de un concepto, es enigma puro. Los fans queremos pensar que es Robert Smith todo el día, que suspira a cada segundo leyendo a Keats, o que Stanley Kubrik no roncaba al dormir, etcétera. Así pues, es mejor no malgastar una sola caloría en modificar el concepto que tenga la gente de ti, porque el ser humano se alimenta de eso, de conceptos.

Te gusta hablar de la creación, como si te hubieras examinado detenidamente.

Sí, incluso me he examinado cuando soy parte del público y he sido capaz de detectar procesos psíquicos curiosos: me refiero a esa canción en particular que, para vivirla, debes haber pasado por algo semejante. A través de algunas conversaciones con seguidores de Love of Lesbian me ha llamado mucho la atención una experiencia que se repite de manera constante. Se podría verbalizar en una frase: «No me gustabais hasta que me pasó X. Entonces lo entendí todo». Eso es extrapolable a todas las bandas en general. Hay grupos que no te entran. Y, por más que insistan tus amigos, no hay manera. Luego te pasa algo y, de repente, esa canción que nunca te había emocionado te llega hasta el tuétano. La experiencia de cada uno es capital. Como banda, estar en el momento y lugar adecuado se va repitiendo a lo largo de tu historia. Vas recopilando seguidores sin cambiar nada. Son ellos los que, a raíz de sus experiencias personales, van entrando en tu mundo por una cuestión de afinidad biográfica o sentimental. Eso podríamos definirlo como «guerra de guerrillas», en la que ganas fans sin querer, aunque también los pierdes de la misma manera. Intentaré explicarme, porque a mí me pasa: puedo estar escuchando una banda durante un año porque coincide con mi estado de ánimo, y luego abandonarla durante mucho tiempo porque he pasado página de lo que sea y, honestamente, ya no los necesitas, digamos que ya te has quitado la tirita.

A veces, las bandas caemos en el concepto erróneo de que un seguidor lo es para siempre. Bueno, puede que sí, pero cada banda es como una habitación con una puerta de entrada y otra de salida. Hay que aceptarlo.

Digamos que el público ha hecho uso de tu obra en un momento puntual.

Claro. Y no pasa nada. En un aspecto positivo, hablando de la relación entre público-artista, está «Club de fans de John Boy». Ahí, sin darme cuenta, hablé del mito del converso. El no fan que se convierte en fan por puro azar. Ese tipo que acude forzado, por amor a su pareja, a un concierto, con su escepticismo, y acaba convencido. No era consciente cuando la escribí, la verdad. Pero si uno se fija en la letra, empieza con una situación muy cotidiana entre la gente joven. Un grupo de personas que cogen el metro para ir a un concierto esperado. Recuerdo cuando un día Iván Ferreiro me dijo, con su maravilloso acento: «La clave de los temas que triunfan está en la primera frase. Si ahí la metes, ya lo tienes. Y, claro, «Todos los raros fuimos al concierto». ¿Quién no se ha sentido raro alguna vez? Y pensé: «Maldita sea, tiene razón». No sé si me gustó saberlo, porque, a partir de entonces, tengo que hacer doble esfuerzo para no obsesionarme con que la primera frase sea tan clave [risas]. Pero tiene razón. Cuando escribí aquello, pensé en dejarme llevar por algo que me había pasado. Línea 3, por ejemplo, bajar en Plaza España y luego un bus hasta el Palau Sant Jordi. Me venía Bowie a la cabeza todo el rato porque, fíjate, cuando vino en The Glass Spider Tour, yo era menor de edad y no tenía un chavo. Intenté colarme en su concierto, pero no hubo manera. Recuerdo que allí tuve mi primera experiencia con el esnobismo. Fue en la calle. Me viene un tipo y me pregunta si los teloneros habían acabado. Y le dije que no, que aún estaban tocando. Entonces me dijo: «Menudo alivio, porque yo no he venido por Bowie, ni mucho menos, sino por ellos». Lo habría matado. Ese tipo con una entrada que valía un dineral, despreciando a San David y entronando a los Stranglers a una categoría desmesurada. Me pareció una desbarrada monumental, pero, bueno, te aseguro que no sería la última. Me dejó tan en *shock* que fui incapaz de pedirle la entrada, si tan disgustado estaba con perderse a los Stranglers [risas].

Ni siquiera Bowie se salva de los esnobs.

Ni siquiera él, correcto. También había intentado verlo a las puertas del Ritz, donde se alojaba. Ahí estuve con un par de amigos. Nada. Tampoco. En realidad, ahora que lo pienso, no me habría acercado a él. Simplemente lo habría observado, como quien intenta absorber talento [risas].

No lo viste nunca.

Sí, años después, en el Estadi Olímpic. Empezó con «Space Oddity», si no recuerdo mal. Tengo muy presente su gestualidad en «Ashes to Ashes». No sé, tampoco soy un tipo que se sepa de memoria toda la discografía de Bowie. Creo que es demasiado apabullante. Ahora es cuando, y aun a costa de ser reiterativo, vuelvo a hablarte del vídeo de «Blue Jean», porque algo tiene que ver con «John Boy». Pero fue otro disparador, te lo aseguro. El día que, con trece años, vi el videoclip de «Blue Jean», la versión larga, donde Bowie se desdobla e interpreta a un pobre desgraciado que invita a una chica a un concierto de Blue Jean, porque lo conoce. Y, claro está, la chica acaba yéndose con Blue Jean. La entrada en cámara de Bowie interpretando a aquella especie de sultán alienígena es absolutamente hipnótica. Con un leve movimiento de cabeza te hipnotiza, como a la chica. Bowie tiene eso. Hace que dudes de tu sexualidad [risas]. Yo creo que habría sido su esclavo durante algún tiempo.

Bowie es el artista total.

Absolutamente. Y, en referencia a «Club de fans de John Boy», pues bien, hay algo de «Blue Jean», en el sentido de que la chica, a la que han invitado, acaba con él. En John Boy es al revés. El chico es el que acompaña a la chica por amor. En realidad, no entiende qué diablos ve su pareja en John Boy, y por eso acude con todo el escepticismo del mundo, y, sí, con algo de esperanza en ser convertido, como san Pablo, en definitiva, ser fan. Y en medio del concierto se pregunta por qué diablos parece que las letras de John Boy sean capaces de conectar con su novia mucho más que él. Odia a John Boy, pero, al final, se rinde a la evidencia.

Es curioso porque, al final, te has convertido en John Boy. Me refiero a que muchos chicos o chicas

han acudido a tus conciertos igual de escépticos y, al final, han acabado claudicando.
Esa es la intención, pero sí, es curioso que al final te acabes convirtiendo en el personaje de un tema que has compuesto. Me llama muchísimo la atención; como lo que le pasa al doctor Frankenstein, diría que John Boy es uno de mis Frankensteins más sonados. Hay otros, como «El poeta Halley», pero este se lleva la palma de popularidad. «Todos los raros fuimos al concierto, del gran telépata de Dublín». Mucha gente piensa que es un artista irlandés, Bono, Van Morrison. Pero no, es Bowie. Aunque admiro a los otros dos un montón, no habla de ellos. Puse Dublín porque el fonema final del segundo verso, cuando chapurreaba la canción en casa, acababa en «in». Fíjate tú, menudo motivo más prosaico, pero es que soy un obseso con calcar los fonemas de la versión inicial. Creo que si he compuesto un tema empleando según qué fonemas, aunque sean en un idioma inventado, es por algo, por una sonoridad subyacente que merece ser respetada. Muchos compositores que conozco me toman por chalado, pero, en fin, este es mi sistema y me ha funcionado. En cualquier caso, el telépata es Bowie.

Todo el mundo se ha convertido alguna vez a una de esas religiones.
Eso quedó muy claro con U2, donde la espiritualidad del pop para masas, a menos a mi entender, llegó a su punto álgido. Porque U2, desde el primer disco, ya hacía salmos. Otro clic evidente que tuve fue con

ellos. En concreto, cuando vi el vídeo de «Pride (In the Name of Love)». Ese teatro vacío. Esa actitud de cuatro chicos irlandeses abriéndose paso poco a poco. Esa manera de coger el micrófono de Bono, como queriendo decir: «Bueno, vamos allá, esto se va a poner serio, desde Irlanda a todo el mundo os enviamos este mensaje». Y el salto de Bono, desde el escenario a platea, donde cuatro o cinco personas los están mirando. Ese salto, que luego repitió en el concierto de Live Aid, para mí fue algo catártico. Romper la cuarta pared. Con esa majestuosidad postpunk, ese descaro y, sobre todo, esa espiritualidad de U2, o, dicho de otro modo, esa manera de enfocar el pop desde un punto de vista evidentemente más católico. Y me convertí a U2, con trece años, al instante. En un siglo como el XX o el XXI, donde la religión católica está en situación de retroceso y solo queda un poso de costumbre, o moralidad, como quieras llamarlo, resulta que la gente joven ha cambiado sus estampitas. Ya no es santa Teresa de la Cruz, o san Esteban, sino que forras tu carpeta con artistas de la música moderna. Cada uno de ellos te ofrece algo, dentro de la amalgama bestial de emociones que hay. U2 eran esperanza, espiritualidad. Los Rolling Stones eran puro *flow,* sexo. Bowie era intelectualismo marciano, vanguardia. The Clash eran rabia. REM, melancolía. Obviamente, y por muy profundo que sea el artista en cuestión, siempre se quedará en un plano más superficial en referencia a los códigos morales que transmite que una religión al uso.

O, al menos, dichos códigos los seguirán unos cuantos, su particular tribu urbana. El monopolio moral se ha acabado. Pero si pienso en lo que me ha ayudado ir a misa de pequeño, cuando me obligaban, y en lo que lo ha hecho un tipo como Bowie, o como la voz de Robert Plant, pues, bueno, es que no hay color. Los que me han salvado de un naufragio no llevaban sotana, sino que eran seres estrafalarios. Y lo que me hace aún más gracia es que son ídolos que, de haber nacido en otros siglos, habrían sido carne de galeras, o quemados en la hoguera, o, directamente, los locos del pueblo. Imagínate a un tipo como Keith Richards si hubiera nacido en Inglaterra en el año 1870, con su natural tendencia a, ya sabes, el vicio. El siglo XX tuvo eso de maravilla. El *freak* encontró su sitio, incluso se hizo de oro [risas].

Cada década tiene a sus particulares piezas que no encajan.

Y luego están esas otras piezas que no encajan dentro del público, ahí, en el andén, acudiendo al mismo concierto.

De repente, te sientes reconfortado. Es el momento en el que captas la atención de alguien.

Exacto. Lo que sucedió es que, de repente, Love of Lesbian se convirtió en el John Boy particular de muchos que acudían escépticos y acababan interesándose por la banda. Al final, te conviertes en protagonista de tu propia canción, como el retrato de Dorian Gray. John Boy es Bowie en «Blue Jean». Un ser hipnótico. Alguien que puede hacerte dudar incluso de tu sexualidad.

Compusiste la canción en poco tiempo, ¿verdad?
Es que, en realidad, trabajar con canciones es como tener un invernadero. Vas regando todas las plantas por igual, pero algunas crecen de sopetón y otras tardan mucho más tiempo en florecer. «John Boy» se compuso en tiempo récord, sí, igual que «Cosmos» y al revés que «Planeador», con la que tardé cuatro largos años en encontrar esa parte que me faltaba. Me vino el estribillo en una biblioteca, así que tuve que encerrarme en el lavabo, llamar al teléfono fijo de casa y cantarlo en el contestador. Lo tenía petado de melodías, ya que, en aquella época, los móviles eran del pleistoceno. Luego llegué a casa y empecé a aporrear lo que sería la frase inicial del piano. A partir de entonces, la canción vino por sí sola. Recuerdo que se la canté una sola vez a Julián. Vio el potencial al instante. Y eso que, a decir verdad, los productores, a los que queremos como hermanos, nos hicieron dudar.

¿No la querían en el disco?
No, y comprendo sus motivos: era un tema complicado. Parecía demasiado pop, si lo comparas con el resto del disco. Algo así como un patinazo. El ambiente estaba dividido. Hay una cosa clara: no somos una banda que sepa ver el *hit*. Tenemos una visión demasiado romántica de las cosas, y un *hit* nos hace sospechar. Tenemos suerte de dejar que otras personas opinen. Porque somos unos putos suicidas [risas].

Partiendo de «John Boy», ¿cuál crees que es el misterio de un *hit*?
Cosas que te he comentado así como de pasada. El piano del inicio. Es fundamental, y eso lo aprendes con el tiempo, que los primeros compases sean rápidamente identificados por el público. Recuerdo que escribí a Dani y le dije: «Tengo un piano que hará levantar a la gente en los primeros compases». Son cosas que intuyes al instante, quizá cuando llevas tiempo en el oficio. Gracias a Marc Clos le puse un nombre: *hook,* es decir, gancho. Una canción pegadiza debe tener unos cuantos *hooks.* Y «Club de fans de John Boy» la puedes cantar de corrido. Ahora mismo me viene a la cabeza lo que entiendo que es un *hit* por antonomasia, porque está lleno de *hooks:* «Video Killed The Radio Star». Desde el inicio hasta el final, todo, absolutamente todo, es un estribillo potencial. O la mayoría de canciones de los Beatles. «Help» o «Michelle» las cantas como un mantra desde la primera palabra. Con esto, en definitiva, quiero expresar lo que algunas veces tengo en la cabeza. Y por ponerte un ejemplo: Verdi tuvo un *hit* eterno, «Va, pensiero», y el resto es música excelsa, sofisticada, genial, por supuesto. Pero los Beatles hicieron un aria tras otra. Y si le preguntaras a la mayoría de músicos, por no hablar de discográficas, te dirían: «Quiero hacer mil arias, doscientos mil "Va, pensiero"» [risas]. Hubo una época, en los noventa, en que los críticos no paraban de soltar: «Oh, es que la voz tiene que estar a la altura del resto de

instrumentos». Esa idea hizo mella en muchos. Pero dos cosas: no hay nada que emocione más que la voz humana, así que ponerla en segundo plano es ridículo; y la segunda: hay pocas cosas más emocionantes que ver a miles de personas corear el mismo tema, desde «You'll Never Walk Alone» a «Karma Police». Llámame vulgar.

Vulgar.

Te lo he puesto a huevo.

Kilómetro 10

«Incendios de nieve»

Tocar la tecla

Luego están las bombas nucleares. Cuando tocas la tecla de muchas personas a la vez. En nuestra humilde opinión, eso sucedió con *1999* o con *Un día en el mundo* de Vetusta Morla, más o menos el *hype* de ambos discos fue en paralelo. Por lo que a nosotros respecta, *1999* fue un disco que cambió nuestras vidas porque, visto desde la distancia, tocó la tecla. Mira, puedes hacer infinidad de buenos temas o discos. Pero tocar la tecla, ah, eso sucede muy pocas veces. Ahí entran factores que se te escapan por completo. En este caso, por ejemplo, voy a hablar de la plataforma MySpace. Su surgimiento resultó fundamental, porque apareció una coyuntura que no existía hasta entonces, un lugar donde tener colgadas tus canciones y poder leer la reacción de la gente. Luego, las personas involucradas ayudaron a tocar la tecla. Con Julián compartí infinidad de horas debatiendo sobre si éramos capaces de hacer un disco que hablara de una relación amorosa. En mi buhardilla estábamos hasta las tantas. Creo que sabíamos que teníamos un material muy sensible entre manos. Luego, Marta Puig, conocida como Lyona, entendió a la perfección lo que andábamos buscando: un disco cuyos clips fueran protagonizados por una pareja con la que muchos se sintieran identificados. Luego llegaron Marina y Carlos, benditos sean, los cuales se convirtieron en la imagen pública de aquel disco. Tengo que decir que es el momento en el que he estado más cerca de lo que se entiende como un creador de mapas, o, al menos, la combinación más agradable entre ser creador de mapas y de brújula. Intentaré explicarme: tenía un pálpito con una frase que me surgió de la nada (brújula, digamos) y que fue el origen de todo: «¿A que no sabes dónde he vuelto hoy? Donde solíamos gritar». Recuerdo a la perfección cuando surgió. Fue de la manera más *freak.* Un día pasaba por la calle Bonavista, en el barrio de Gràcia. Había vivido por esa zona durante mis años de adolescente y le tenía muchísimo cariño. Esto que voy a decirte es muy simbólico, pero sucedió así. Hay una portería en particular, donde vivía mi primo, que esconde otro edificio dentro de lo que son los patios de l'Eixample. Es un bloque totalmente irregular, incrustado dentro de un octágono, ilegal hasta decir basta. Ese edificio no debería estar ahí, pero existe, y vive gente. La primera vez que lo vi, algo me dejó en estado de *shock.* Años después, me di cuenta de que aquel día de 2008, en el que vi de nuevo ese bloque fantasma, un torbellino incomprensible de emociones surgió. Ahora me doy cuenta de que simbolizaba todo lo que había dejado atrás, todo lo que había escondido, pero, a la vez, dentro de mi psique, seguía sin demoler, como ese edificio. Mi juventud, mis recuerdos, escondidos allí mismo, fumando petardos con gente del barrio, cuando eres un adolescente muy confundido y tienes la impresión de que te han lanzado a la vida como quien coge a un bebé y lo lanza al agua.

¿Esa sensación de adolescente aturdido que no sabe muy bien qué ha venido a hacer a esta vida?
Eso mismo. Es de comprender, no de apoyar, que un adolescente busque válvulas de escape, que persiga el placer, o los paraísos artificiales. «¿Qué va a ser de mí en un futuro si no destaco en nada?» es un caldo de cultivo propicio para la búsqueda de paraísos artificiales, o para gritar tu frustración. Pero también es una parte de nuestras vidas tremendamente creativa. El niño que choca con el adulto que empieza a aflorar. La hormona contra la razón. La adolescencia nos conforma de adultos, porque arrastramos todas sus inseguridades muchos años después si no vamos con cuidado, lo cual, dicho sea de paso, nadie va.

Entonces ese bloque…
Verlo de nuevo fue una ametralladora de imágenes borrosas de mis diecinueve. Todavía no sé muy bien por qué motivo, pero la frase que da inicio al disco me vino entonces. De repente me desdoblé. Me vi

de nuevo por esa calle, años atrás. «¿A que no sabes dónde he vuelto hoy?». Y entonces supe que podría hablar de una relación del pasado que, a su vez, era mezcla de varias relaciones del pasado, y también a la vez mezcla de pasado y presente. Lo más curioso es que *1999* habla en su inmensa mayoría de lo que habría sucedido si lo hubiera dejado con mi pareja, algo así como *Pesadilla antes de Navidad,* un momento en el que había una gran y peligrosa distancia entre nosotros y, en realidad, hablo de una añoranza de nuestros primeros años.

¿Pero no hay seres del pasado?

Sí y no, no y sí. De una manera implícita, me inspiré en varias personas y acontecimientos. Pero el disco es una mezcolanza muy bestial entre relaciones perdidas y relaciones que podrían haberse perdido, fantasía y realidad. Acto seguido, lo que fue la arquitectura del disco surgió con un mapa muy elaborado. Una canción que sirviera como prólogo, diez canciones que hablaran de ese año y otra canción como «2009» que servía de epílogo. En mi cabeza era una película, o un musical. ¿Sabes lo que pienso ahora?

No, dime.

Que este disco habría sido imposible de elucubrar si plataformas como Facebook o Instagram hubieran estado a mi alcance. Esas redes donde puedes recuperar el contacto con seres de tu pasado. Tú y yo somos de una generación que, cuando perdíamos el contacto con alguien, se perdía para siempre. Antes de estas plataformas pensabas: «¿Qué habrá sido de X?». Ahora, por desgracia, lo sabes [risas]. No solamente de antiguas parejas, sino también de antiguos compañeros del colegio. Gente que cambiaba de ciudad y nunca más se supo. ¿Cómo serán ahora? ¿Estarán gordos? ¿Habrán muerto? Todas esas incógnitas eran más creativas que ahora, cuando no solamente sabes qué ha sido de ellos, sino que además te enteras de que votan a la extrema derecha, o que han envejecido del culo, o qué mierda de plato están cocinando. Guau, a veces prefieres el recuerdo, allí donde esa persona sigue teniendo diecisiete años para siempre.

Es acojonante.

Luego hay otro punto a favor del disco. Habla de una relación, pero también intenta narrar una coyuntura externa. La familia, la política. Como en «La mirada de la gente que conspira». Es una de las canciones menos conocidas del disco porque el disco habla de una relación de pareja, pero con «La mirada de la gente que conspira», esa pareja de Barcelona, de clase media, quizá está al borde de caer en algún tipo de exclusión social; esa es la infrahistoria de la canción, porque no lo dice textualmente, no todo cabe en un tema, aunque la infrahistoria, al final, se percibe.

¿Te refieres a aquellos miedos que tienes cuando eres joven y sabes que no heredarás ningún negocio y partes con cero ventaja o con menos dos?

Y ves que el mundo es realmente hostil. La canción se podría extrapolar al momento político actual.

¡Qué bueno, una canción de amor que tiene connotaciones del mundo político!
Bueno, está dentro de un disco de amor, pero, en realidad, la canción es una de las pocas que no habla de su relación, sino más bien es un «vale, vale, mientras ellos están pasando todo esto, la situación social era esta». Un poco para que la temática amor-desamor respire un rato. Es un tema social más que político. La canción dice: «Compra pesimismo extremo: todos dicen que está en alza. Busca la palabra clave en la gente que conspira. Y basta». Y después: «Y ahora mismo engulle el dato porque ya lo han contrastado. Y esta orgía de portadas friegan suelos de ascensores tan solo un día después de ser noticia en la 3. ¿No has asimilado nada? Justo lo que pretendían: quince anuncios, luego un drama y en el pop no hay poesía. Y basta». Recuerdo como si fuera ayer el momento en el que me vinieron estas frases. En aquellos días, se había destapado un escándalo y parecía que se fuera a parar el mundo. Luego, un par de días después, entré en un ascensor y vi aquella portada del periódico a mis pies, usada para que nadie pisara el suelo fregado. Y pensé: «Mira, aquí está aquella noticia que parecía tan importante».

¿Y la manipulación?
Hay algo terrible que está pasando en estos momentos, algo así como una aproximación a la verdad, pero siempre es una aproximación. Siempre ha sido así, en todas las épocas de la historia, y más cuando la historia únicamente la escribían los ganadores. Pero ahora, el

mal, el culpable, está tan absolutamente diseminado, incluso el mal podemos ser nosotros, que las revoluciones en muchos casos no pasan de ser una *mise en scène.* Un posicionamiento en redes. Escribir ese tuit y quedarte aliviado, pensando: «Guau, soy un puto revolucionario». Y en 2009, cuando se hizo este disco, ni siquiera estaba en los límites tan bestias de ahora, rodeados de miles de personas intentando hablar en el ágora.

Se va engrandeciendo de manera descomunal.

Al final, puedes llegar a la paradoja de buscar un antilíder, un profesional, un tecnócrata, a poder ser, que juegue lo mínimo con los sentimientos primarios de las personas. No es lo ideal, pero al final todo es tan perverso que puedes acabar prefiriendo un técnico a un agitador de masas.

El que juega menos con lo más puro que tienen los pueblos, que son los sentimientos y las emociones.

Porque, en realidad, son unos intrusos. Eso se debería dejar para los cantantes [risas]. Por otro lado, me da mucho miedo la viralización y con qué facilidad se puede destruir a una persona. Con rumores, con nada contrastado. En el fondo, todo es ruido, solamente ruido. Imagino que ese ruido nos gusta, de alguna manera, porque impide que escuchemos nuestro ruido interno.

Creo que la única bandera que debería enarbolarse es la del clima, la salud del planeta.

Por supuesto. Es que vendrán unos cambios dentro de treinta o cuarenta años que ni siquiera podemos llegar a imaginar. Tendría que haber dos presidentes del Gobierno: el que arregla el presente y el que arregla el futuro. Y deberán ponerse de acuerdo, el cortoplacista y el que gobierna ya pensando en las generaciones venideras. Si no se hace así, creo que lo llevamos mal.

Completamente de acuerdo. Y en las empresas debería haber dos directores generales, el del presente y el del futuro. Es un sistema buenísimo, porque gestionar el presente es muy diferente a crear condiciones para el futuro.

Todo esto me sorprende, me irrita, así que, como siempre, termino encerrándome en mi mundo y creando canciones que hablan de conspirar, como si fuera un deseo que no se cumple, porque esta parte del planeta hará lo que sea con tal de no rebajar su estatus. Porque nadie quiere bajar de estatus. Y por eso, ingenuamente, algunos trabajadores han votado a la derecha pensando que pertenecían a la clase media. Es perverso, pero exitoso.

Volvamos a la música y al clic en los demás.

1999 fue eso para la gente, les tocó la tecla. Fue un clic. Quizá, hasta hace muy poco, ha sido el disco que mejor ha resumido todo lo que somos capaces de hacer, y, de la misma manera, es el hermano mayor al que el resto de discos quieren vencer. Sin embargo, ya no luchamos en contra, sino que convivimos con él la mar de felices y agradecidos. Y cuando tocamos

«Incendios de nieve» por enésima vez, aprendemos a ser felices viendo a la gente feliz. Digamos que estamos en un punto de nuestra carrera donde dejar de tocar algunos temas sería imperdonable, o un acto de esnobismo. Porque sabemos de la importancia de este disco, maldita sea, lo vemos en los tatuajes, en los hilos de Twitter explicándolo de principio a fin. Tocó la tecla, definitivamente.

Kilómetro 11

«Los toros en la Wii» / «Fantastic Shine»

La inmensa minoría

En referencia a mi trabajo, creo que paso más tiempo desarrollando una tolerancia al fracaso, manchada, por suerte, de momentos que justifican los anteriores fracasos. Creo que hay una décima parte de todo lo que compongo que, una de dos, o fracasa o, sencillamente, no encuentra el momento de salir.

Hay canciones que esperan su turno.

Sí. Siento ser reiterativo, pero insisto en que he sido capaz de esperar más de siete años para publicar una canción. Nunca encontraba ese momento, qué sé yo. Pero eso no es lo más jodido, sino la sensación de haber estado horas y horas dedicándole tiempo a una canción que al final acaba siendo una soberana mierda, hablando claro. Esa manera de levantarte al día siguiente y pensar: «Vale, por ahí no voy bien, mejor lo intento desde el lado contrario» es un planteamiento que me ha ayudado a continuar hacia adelante. Extrapolado a la trayectoria inicial de la banda, exactamente igual. Ahora mismo recuerdo que la semana en la que nos juntamos, Oriol, en un bar, me dijo: «Les he dicho a los demás mi opinión de juntarnos contigo. Que sea para forrarnos». Me pareció maravilloso… [risas]. Pero luego, años después, lo único que acumulábamos eran pérdidas económicas, tocar delante de dos personas de media durante toda una gira. Los fracasos nos forjaron, pero no el hecho en sí, sino la autocrítica posterior. No ha existido mayor *hater* de Love of Lesbian que los propios Love of Lesbian. A veces hemos sido terriblemente críticos y pesimistas. Y, a la vez, vagos. De hecho, y como dice Julián, esta banda es un milagro. Y como dice Jordi, Love of Lesbian ha tenido muchos momentos en los que debería haberlo dejado y no aprovechó la oportunidad [risas]. Me parece brillante.

Volviendo a las canciones, ¿cómo sabes identificar antes que nadie si un tema es bueno o no?
Vayamos por partes. Hay una cosa realmente extraordinaria. A veces, siempre en velocidad, es decir, conduciendo un coche, llevando una moto o andando, me viene de repente una melodía. Hace años las grababa todas. Ahora he desarrollado una técnica ultracruel conmigo mismo. Obviar esa melodía.

¿Por qué?
Porque he aprendido que si esa melodía quiere salir, si es realmente buena, volverá a mí al cabo de dos o tres días.

Pero puede que no.
Entonces quizá no era tan buena.

Vaya. ¿Y vuelve?
Si es buena, sí. Me pasó, ya lo he comentado antes, con «Club de fans de John Boy». A pesar de que la grabé en el contestador automático de casa, no tuve necesidad de recuperar la grabación. Me venía constantemente a la cabeza. Recuerdo que se la canté una sola vez a Julián, y el cabronazo la recordó días después. O, evidentemente, «Los toros en la Wii». El origen de esta canción tiene tela por ser terriblemente prosaico, mundano. Resulta que le pedí prestado dinero a mi madre. Pensaba que iba a enviarme a la mierda y me dijo: «Vale, ya me lo devolverás». Minutos después, en la Avinguda Gaudí, con la Sagrada Familia de fondo, me surgió de la cabeza: «Fantásticooo, para pa, parará». Es justo como me sentía, casi sambero, contento de la hostia. Ese estribillo tiene un fondo de alguien que camina a velocidad alegre por la calle. Pues bien, no hizo falta grabarla. Me venía a la cabeza cada dos horas. Así pues, le pido pasta a mi madre, me dice que sí, me viene a la cabeza una melodía que, paradójicamente, me hace ganar ese dinero que me servirá para devolverle la pasta. *Win-win,* como dicen los ingleses, o manda huevos, como decimos aquí.

«Club de fans de John Boy» y «Los toros en la Wii», dos temas para los que no necesitas recurrir a una grabadora. La prueba del algodón.
Por eso supongo que esos dos temas han sido bastante *hits.* Voy a hacerte otra reflexión con respecto a la diferencia entre *hits* e himnos.

¿Qué prefieres?
Como autor, un *hit* puede cambiarte la vida a nivel económico. Un himno te cambia por dentro. Un *hit* te hace ser conocido por una mayoría. Un himno fideliza a una inmensa minoría, como aquel eslogan de La 2.

La inmensa minoría.
Me pareció un concepto maravilloso. Un himno es más íntimo, su efecto no es inmediato, pero se desgasta menos. Un *hit* puede ser una cabriola melódica más o menos pegadiza. Un *hit* de Oasis podría ser «Champagne Supernova» y un himno, «Wonderwall». El himno toca otro lado de tu cerebro. Blur tiene «Girls and Boys», *hit.* Y «Tender», himno. Antonio Vega, *hit* «La chica de ayer». Himno, «Lucha de gigantes». Todo esto a mi entender, claro. Generalmente, el himno es más pausado.

Hay bandas que han basado toda su discografía en *hits.* Los *one hit wonders.*
Sí, bandas donde se notan los temas de relleno. Aunque hay algo más odioso, algo que me ha pasado componiendo. El casi *hit* [risas]. Eso es insoportable, y me ha pasado, aunque no lo he publicado. Tengo decenas de medio-*hits,* de casi-exitazos. Generalmente, me ha pasado cuando he intentado hacer un *hit* de manera premeditada. *Fail.* Dan una rabia enorme, y cada vez que los escucho en mi portátil, agradezco que no hayan salido. Vuelvo a la idea del fracaso, a su tolerancia.

¿Y el resto de canción de «Los toros en la Wii»?
El resto surgió tirando del hilo. La mayoría de veces parto de un estribillo que me viene a la cabeza, y si me

gusta, lo precedo con una canción, es decir, una estrofa, un puente. Para mí es más fácil que empezar componiendo a partir de una estrofa y quedarme parado en medio de la autopista, con el coche calado, diciendo: «Vale, ¿y ahora qué?».

El estribillo es importante.

Es lo que se transmite, desde el inicio de los tiempos. Antes, una canción tenía que ser realmente buena para que se transmitiese de manera oral. Es importante tener en cuenta esa tradición. Hay que aceptar que nos emociona ver a miles de personas cantando un *hit* o un himno. A mí me eriza el vello siempre que lo veo. O gritar «gol» en un estadio. Lo reconozco, siento placer al escuchar a miles de personas explotando de júbilo.

Así pues, para el resto de la canción, tiraste del hilo.

Sí. Como el estribillo, fantástico, era tan hedonista, no tuve ningún problema en tirar de una letra dadaísta, incluso de meter una ranchera de diez segundos ahí en medio. En realidad, el *hit* sucedió cuando una conocida marca de cervezas quiso que hiciéramos el tema de su campaña. Con Julián, en su casa, extirpamos el estribillo de «Los toros en la Wii» e hicimos un trasplante. Como si una grúa hubiera pillado el ático de un edificio, lo hubiera mantenido en el aire y se hubiera construido de nuevo un tema por debajo. Fue un experimento difícil *a priori,* pero altamente satisfactorio. Lo hicimos en una hora, todavía hoy en día lo recordamos. A la velocidad de la luz. Son momentos inolvidables, no por la canción, sino por ver a dos personas trabajando de una manera tan intensa.

Has sacado a colación algo un poco complicado. Los temas de anuncios.

No son ni buenos ni malos, en realidad depende del cancionero que tengas, si te legitima o no. Me refiero a que nosotros ya llevábamos una cantidad industrial de canciones. Vamos, que no éramos unos *one hit wonders* ni por asomo. No nos preocupó demasiado. Claro que hubo críticas, pero entonces me vino a la cabeza una cosa, salvando las distancias, por supuesto, y eso que vaya por delante. Miguel Ángel y Rafael hicieron sus mejores obras trabajando para la multinacional más poderosa de la época: la Iglesia católica. Así que han existido trabajos por encargo desde siempre, y trabajar por encargo tiene algo bueno: hace que bajes de tu nube, que pises el terreno. Te lleva a una dimensión que también tiene cosas admirables. Las óperas casi siempre eran encargos. Las bandas sonoras de Ennio Morricone o John Williams. Los musicales, con tipos como Andrew Lloyd Webber. Nos guste o no, hay que aceptar esta premisa. Que el arte no es tan puro en su motivación inicial. Pero, luego, el artista debe trabajar con su espíritu, aunque sea un encargo. Ahora mismo eso pasa algunas veces, y otras, no. Pero, en referencia a los que he mencionado, es palpable que todos trabajaron por encargo. Y tú sigues cantando esos temas o admirando esas esculturas.

Me ha venido a la cabeza una cosa cuando hablabas del fracaso. En formato relato, libro, novela, ¿también coleccionas fracasos?
Buah, ni te cuento. Tengo decenas de ideas que se han quedado en el camino, como abortos informes. Por ejemplo, dejé a medias, por el momento, un proyecto de serie de ciencia ficción punk que es tan bestia que nadie a quien se lo he enviado ha querido saber nada. Demasiado incorrecto... [risas]. Entonces te viene a la cabeza la siguiente pregunta: ¿tan rematadamente chalado estoy que soy el único al que le gusta? Bueno, rectifico. Me he encontrado con gente que me ha dicho: «He llorado de risa, pero búscate a otro dibujante, esto es demasiado fuerte para mí». Me pasó casi lo mismo con *¿Por qué me comprasteis un walkie-talkie si era hijo único?* El humor de ese libro es tan brutal, el surrealismo es tan extremo, que lo amas o lo odias. Reconozco que no recuerdo nada de su proceso, iba completamente fumado. Ya ves, sigo siendo el mismo chaval de la última fila del autobús, y en estos últimos años en los que impera la autocensura, me siento de nuevo esa pieza que no encaja. Eso me recuerda al primer cuento que escribí, en octavo de EGB. Era para el concurso de Coca-Cola. Se me ocurrió hacer un poema metiéndome con todos mis profesores en tono bufonesco, les dedicaba un verso uno por uno. Mi tutora, de quien estaba enamorado hasta las trancas, decidió seleccionar un relato más correcto de uno de los tipos más empollones de la clase. Se quedó completamente escandalizada con

mi poema. Sin embargo, el resto de mis compañeros, que habían llorado de risa, se rebelaron y empezaron a dar golpes en sus pupitres. Hubo una rebelión extraña que me incomodó, lo mismo que, supongo, al chico empollón. Al final, nos enviaron a los dos al concurso de Coca-Cola [risas]. Uno había tenido el beneplácito de la autoridad, pero no del pueblo. Yo me sentía más real y, sin embargo, a quien quería enamorar, que era a mi tutora, pues logré todo lo contrario. Visto con el tiempo, mi tutora representaba a la autoridad, al *statu quo.* No iba a ser muy bien aceptado por esos lares. Sin embargo, mis compis vibraron.

El eterno debate entre la crítica y la aceptación del público.

Eso mismo. Yo cada vez soy más cauto con respecto a criticar algo que triunfa. Algo me dice que quizá no estoy en la coyuntura emocional para que una canción en particular me guste o no. Porque al criticar la obra de alguien también estoy haciéndolo con el criterio de su fan. Mis opiniones me las guardo. Son una parte de un cristal fragmentado llamado «verdad».

Nadie tiene la razón absoluta, aunque nosotros a veces creemos que sí la tenemos.

Sí, es así. Me viene a la cabeza una escena de *Verdi,* una serie que dieron por la televisión hace muchos años. El compositor había estrenado *Nabucco.* Las críticas fueron muy tibias, así como la reacción del público, digamos que aristócrata, que acudió al estreno. El tipo estaba hundido, hasta que empieza a pasear por la calle y ve a la pescadera cantando el aria. Y luego al cartero. Y así, decenas de personas normales, sin ínfulas, pertenecientes al pueblo, cantando el tema con una sonrisa de oreja a oreja. Me emocioné muchísimo de pequeño viendo aquel momento, al que presupongo falso. Pero creo que sintetiza muy bien esa eterna fricción entre crítica especializada y público. Al final, la historia pondrá a cada uno en su lugar, y no será ni tu idea ni la del otro. En realidad, en doscientos años, de la música del siglo XX solamente habrán sobrevivido un par de temas de los Beatles, supongo.

Eso es muy bestia.

Probablemente, pero nuestra contemporaneidad no lo es todo.

Volvamos a vuestro disco. De esas treinta y cinco canciones que tienes, el disco debe tener unas diez o doce, ¿no?

Sí, claro. Un disco y medio se queda en la cuneta. O para otra ocasión.

Unas canciones compuestas para ser grabadas en este disco se pueden quedar en la cuneta, en la nevera, y esto puede ser material para otro disco. Y esto ha pasado.

Miles de veces.

O sea, tú generas mucho material que es para el futuro. Material proyectado al futuro.

Es la mejor manera de trabajar. Primero, porque si el arte imita la naturaleza, la naturaleza es muy prolífica. En el sentido de que, bueno, está el caballito de mar que va a tener cuatro mil embriones de caballito de mar para que sobrevivan tres o cuatro.

Los espermatozoides ni digamos, ¿no? Cuatro millones para que entre uno.

Exacto.

O sea, es instinto de vida.

Es que otra cosa es antinatural.

¿Cómo puedo pretender hacer dos canciones y que las dos acaben en el disco?

Hay bandas que dicen: «¿Cuántas tenías?». «Diez». «¿Y cuántas salen en el disco?». «Diez». No lo entiendo.

No lo puedes concebir.

No, en absoluto.

Es interesante esto que dices, muy interesante.

No sé, me da la sensación de que no ha habido una batalla, ¿sabes? Creo que Bob Dylan y Leonard Cohen un día hablaron y Bob Dylan dijo: «Ah, pues mira, esta canción la hice en tres minutos. ¿Y tú, para hacer "Hallelujah"?» y Leonard Cohen dijo: «Cuatro años me he tirado». En realidad, esto no significa nada, porque puede que la canción de Bob Dylan sea mejor que la de Leonard Cohen, aunque la hubiera hecho en tres minutos, pero hay distintas velocidades. Es como tener un invernadero y, ¡pam!, una planta crece en cinco minutos: «Club de fans de John Boy».

Con las alegrías que te ha dado.

Pero es falso. O sea, esos cinco minutos surgieron así porque llevaba dos malditos meses cagándola, fracasando, componiendo, fracasando, fracasando, fracasando. Insisto, acumulo más fracasos que éxitos, en realidad.

El éxito es el chispazo. Es la punta del iceberg que junta un montón de fracasos bajo el mar. Intentos.

¡Un montonazo! Y levántate después de ver que esta canción no funciona. Y luego saber interpretar que a esta canción le falta una parte B que aún no tienes para que sea, definitivamente, esa canción. Por ejemplo, la canción «Las malas lenguas», que está en el disco *1999*. Estábamos chapurreando esta canción con Julián desde *Maniobras de escapismo*. Pasó un disco y pasó otro hasta que dijimos: «Ya la tenemos». Hay que ser muy zen en ese sentido, porque también sabes que habrá otras canciones que te van a surgir en nada y que ya lo tenemos listo. Perfecto, esta vez ha sido así. Pero hay otras que tardas Dios y su madre. «Planeador», la rabia que tenía yo con «Planeador» es que me salió una semana después de acabar de grabar *La noche eterna*. Y de *La noche eterna* a *El poeta Halley* pasaron tres años.

Ostras.

Sí, sí. Cuando estaba cantando «Planeador» en el estudio, tenía que luchar contra una sensación de *déjà vu*, porque ya la tenía tan integrada que cuando la canción empezó a conocerse como el primer tema de *El poeta Halley*, para mí ya era…

… vieja. Pero no hizo el clic hasta ese disco, ¿no?

No hizo el clic hasta ese disco.

Le faltaba un hervor.

Y tardé tres años en acabar de escribir «Planeador». Pero el chispazo inicial surgió un mes después de salir del estudio de grabación. Fui arrastrando esa melodía, repitiéndola de manera inconsciente cuando paseaba por la calle, durante tres años.

La canción te perseguía.

Sí, me perseguía. Y al final, esto te hace pensar que debes saber separar entre tus *timings* internos y los *timings* de la biografía de la banda respecto a cuándo va a llegar a impregnarse el oyente. Porque desde que sale el disco hasta que esa canción acaba coincidiendo en algún momento vital del oyente, pueden pasar dos años más.

Cuando la gente pide «Planeador», para ti es una canción que ya casi tiene un lustro. Y claro, tú, mentalmente, ya estás metido en cosas nuevas.

Es como levantar el pie del acelerador continuamente para ir al ritmo del mundo, pero a la vez tienes la necesidad de seguir componiendo para que no te dé la sensación de que ya lo has hecho todo. Es una sensación muy extraña, como si te adelantaras al futuro y luego volvieras, un ciclo constante de adelantarte y volver hacia atrás, a la velocidad de la vida. Cada canción nueva que surge en realidad es como una piedra que pones en medio del agua.

Es tu siguiente paso.

Ese reto, ese sueño, esa ilusión.

Kilómetro 12

«Viaje épico hacia la nada» / Futuro

Silencio

Hablemos del futuro. Retomando el tema de la metodología creativa, ¿en qué punto estás ahora?
Pues tengo 35 canciones sin letra.

¿Has compuesto 35 canciones para el nuevo disco? ¿Esto es habitual en tu metodología de trabajo?
Sí, siempre es así.

¿Solo música?
Ahora me falta la letra. Yo dejo que la canción respire.

¿No tienes ninguna letra de momento?
Tengo apuntes, tengo unas cuarenta páginas de apuntes, y a partir de ahí... Me cuesta muchísimo cerrar las canciones porque es un proceso en el cual siempre hay erosión. Cuando la idea primigenia surge, las posibilidades están tan abiertas que te genera muchísima ilusión, como una primera cita que ha ido bien. Luego viene el proceso de podado. Hasta que, cuando acabas grabando la canción, ya sabes todo lo que podría haber

sido y no es, y que no lo será jamás. Hago un revoloteo de águila.

Tienes estribillo, tienes toda la canción. O sea, una dura tres minutos, otra dura cinco…

Sí, algunas veces quedo con Julián, otras veces puede que saque la canción entera o puede que la saque haciendo un *ping-pong* con Julián vía *mail,* ahora que vive en Menorca. Pero muchas veces la trabajo en casa.

¿Con guitarra o con piano?

Con lo que tenga cerca. O con una guitarra con cuatro cuerdas. A veces, tener obstáculos técnicos te agudiza el ingenio. Lo peor, a mi entender, es tener un sintetizador con una amalgama infinita de sonidos: puedes perderte en la búsqueda. O lo que es peor, con sonidos increíbles puede que compongas algo que no merece la pena, y quedará disimulado por la calidad de dicho sonido. Es como perfumar una mierda.

Los Beatles tenían un par de guitarras.

Exacto. También añado que, al haber tenido la gran suerte de haber tocado en varias bandas antes de Love of Lesbian y con funciones diferentes, tengo la mínima noción para componer desde varios instrumentos, así que me enfrento a la tarea compositiva tocando, por ejemplo, el bajo…

¿Con un bajo puedes hacer una canción?

Sí. Por ejemplo, «La noche eterna» es un tema que se me ocurrió a partir de una línea de bajo que me vino a la cabeza. Entonces, se generó un chispazo que… Empecé a cantar encima de esa línea. Si me pongo en el piano, te sacaré unas canciones muy diferentes. Si me pongo con la guitarra, también. O con la acústica.

¿Cambia la composición final?

Absolutamente. El arranque es muy diferente. Es como pintar al óleo o al fresco o con pastel. Y es más, es muy interesante componer a partir de varios instrumentos. La propia configuración de cada uno te permite hacer cosas diferentes. Las sensaciones son muy distintas. La posición de manos en un piano o una guitarra cambia tantísimo que no puedes componer de la misma manera, es imposible. Incluso si empiezo una canción con un piano, puede que después la pruebe con la guitarra, empezando de cero, a ver hasta dónde llego. Es un proceso complejo pero divertido.

Compones con bajo. Compones con guitarra. Compones con piano. Con pandereta no, ¿eh?

Lo único que me falta para componer es la batería. No la toco ni soy capaz, porque tengo un problema de bilateralidad por ser zurdo y diestro, lo que me convierte en un instrumentista que puede tocar muchas cosas, pero en la batería hay un problema de sincronización entre varias partes del cuerpo. En resumen: necesito de varias técnicas para que el disco sea lo más heterogéneo posible. Ahora mismo, y desde hace años, ya puedo componer sin nada, en silencio. Me imagino la línea de bajo, alguna línea instrumental, un ritmo básico y la voz. Es como tener un multipistas en la cabeza. Esto ha pasado poco a poco. Así que no tengo más remedio que grabar en el móvil. Si lo escucharas, pensarías que estoy loco. Compongo desde el absoluto silencio. Por cierto, el silencio, una de mis músicas preferidas.

Me decías que el proceso acaba definiendo la canción, y eso puede desilusionar cuando las posibilidades se cierran.

Sí. Debo de ser un tipo al que le gusta la idea platónica de las cosas. Cuando las posibilidades se van cerrando, noto una especie de alegría y desazón a la vez. Pero, en otras ocasiones, gracias a Dios, pasa lo contrario. La canción crece con la intervención de todos. Como el ritmo de Oriol en «La noche eterna». Como las guitarras de Jordi en «Contraespionaje». Como la ilusión de Joanra en los primeros discos, quien hizo de mánager, como quien dice, cuando nadie nos hizo caso. Como los arreglos de Ricky Falkner, un genio de la armonía a mi entender, con los discos *Maniobras de escapismo* o *Cuentos chinos para niños del Japón,* y si hago hincapié en estos dos discos es porque, básicamente, los hicimos entre él y servidor, ya que por aquellos tiempos la banda los vio casi desde afuera porque no se sentían cómodos en un estudio de grabación. Como algunas baterías que ha hecho Mole. Y, capítulo aparte, Julián, y lo dejo aparte porque ha sido copiloto de este proyecto desde hace mucho tiempo.

Con todo esto quieres decir que no es un trabajo en solitario.

Quiero decir que nadie es una isla. Ni siquiera el grandísimo Bowie, de quien tenemos el concepto interno de que todo lo manejaba él. No. Hubo *riffs* de guitarra que le dieron la chispa para *hits*. O la trilogía de Berlín, con Eno y Fripp. Nadie, absolutamente nadie, es una isla, ni siquiera aquellos cuyo proyecto lleva su nombre y apellidos.

¿Tienes idea de cómo se llamará el disco?

Creo, pero por ahora es solamente una hipótesis, que se llamará *El Paso* o quizá *Viaje épico hacia la nada*. Si al final triunfa el segundo título, como intuyo que sucederá, pues bien, será un homenaje a Mario, un amigo que he mencionado en algún momento de nuestras charlas y que ya no está porque decidió irse. Y, la verdad, preferiría dejarlo aquí. Será una exhortación a dar pasos hacia adelante. Porque no nos queda más remedio.

¿Y luego?

Luego creo que vendrá un último disco de Love of Lesbian que, de alguna manera, cerrará un ciclo. A ver, me explicaré mejor para que no salten las alarmas. Queremos dejar de seguir este eterno ciclo disco-gira-descanso-disco-gira-descanso, así hasta la eternidad. Me gustaría recuperar el motivo por el cual me metí en esto. Para crear. Y eso significa invertir el tiempo que pasamos de gira en beneficio de crear más y más, sea bajo el paraguas de Love of Lesbian o en otro tipo de proyectos, tal vez. Cantar en catalán, que es mi lengua materna y a quien le debo algo muy íntimo. O extremar por otros lados, desde la canción más calmada hasta el humor más irreverente. Creo que será sano poner tierra de por medio y huir de la autopresión que me he creado cada vez que es momento de sacar un disco de Love of Lesbian.

¿Y luego?

Buena pregunta. La vida es demasiado frágil como para hacer planes a tan largo plazo. Pero si la salud, el público y nuestra lealtad continúan como ahora, volver. Con mis Love of Lesbian, seres humanos con los que he compartido los mejores años de mi vida artística y también personal. Joder, con mis amigos.

Un placer.

Igualmente. Por cierto, no llevo un chavo. Ya sabes, soy un despistado [risas].

Sobre los autores

Santi Balmes es el cantante y compositor de Love of Lesbian, grupo que se formó en 1997 y con el que suma cuatro discos de oro. En su faceta como escritor ha publicado varios libros, como el cuento infantil *Yo mataré monstruos por ti,* que ha sido un éxito de ventas y se ha traducido a varios idiomas, la novela humorística *¿Por qué me comprasteis un walkie talkie si era hijo único?,* la recopilación de relatos *La doble vida de las hadas* o el poemario *Canción de Bruma,* entre otros.

David Escamilla es comunicador, escritor, editor y músico. Licenciado en Ciencias Políticas y Sociología. Presenta y dirige programas de radio y televisión. Ha sido responsable de publicaciones, dirige una editorial y gestiona comunicación corporativa. Como autor, ha publicado más de cincuenta libros. Es músico (cantante y compositor). Cuenta con tres discos de estudio.

Os agradecemos la atención dedicada a
Esa pieza que no encaja, de Santi Balmes con David Escamilla.
Esperamos que hayáis disfrutado de la lectura
y os invitamos a que nos visitéis
en www.principaldeloslibros.com,
donde encontraréis más información
sobre nuestras publicaciones.

También podéis seguirnos en redes sociales
a través de Facebook, Twitter o Instagram
utilizando vuestro teléfono móvil
para leer los siguientes códigos QR: